青州历史文化丛书

范仲淹知青州

主编 郑玉章 ◎ 张景孔 编著

济南出版社

图书在版编目（CIP）数据

范仲淹知青州 / 张景孔编著. -- 济南：济南出版社，
2016.8（2024.2 重印）
（青州历史文化丛书 / 郑玉章主编）
ISBN 978-7-5488-2255-4

Ⅰ.①范… Ⅱ.①张… Ⅲ.①范仲淹（989-1052）-
人物研究 Ⅳ.① K827=441

中国版本图书馆 CIP 数据核字（2016）第 209573 号

青州历史文化丛书◎范仲淹知青州　　郑玉章/主编◎张景孔/编著

责任编辑　戴梅海　朱　琦　范玉峰
封面设计　侯文英

出版发行　济南出版社
地　　址　济南市二环南路 1 号 250002
网　　址　www. jnpub. com
电　　话　0531 - 86131726
传　　真　0531 - 86131709
经　　销　各地新华书店

印　　刷　山东百润本色印刷有限公司
开　　本　635×960 毫米　1/16
印　　张　12.5
字　　数　200 千
版　　次　2016 年 8 月第 1 版
印　　次　2024 年 2 月第 2 次印刷
定　　价　59.80 元

发行电话　0531 - 86131730 / 86131731 / 86116641
传　　真　0531 - 86922073

《青州历史文化丛书》编委会

序

习近平总书记强调："一个国家、一个民族的强盛，总是以文化兴盛为支撑的。没有文明的继承和发展，没有文化的弘扬和繁荣，就没有中国梦的实现。中华民族创造了源远流长的中华文化，也一定能够创造出中华文化新的辉煌。要坚持走中国特色社会主义文化发展道路，弘扬社会主义先进文化，推动社会主义文化大发展大繁荣，不断丰富人民精神世界，增强人民精神力量，努力建设社会主义文化强国。"文化是精神的载体，精神是民族的灵魂。弘扬和传承中国优秀传统文化是文化工作者责无旁贷的重任，我们理当积极作为，把历史文化的珍贵资料留传后世。

青州是古"九州"之一，是东夷文化的重要发祥地之一。《尚书·禹贡》载："海岱惟青州"，按五行学说，青州地处海岱之间，位于中国东方，"东方属木，木色为青，故名青州"。自两汉时期至明朝初年，青州一直是山东地区的政治、经济、军事、文化、贸易中心，素有"面山负海古诸侯，信美东方第一州"之称，在两千年的发展进程中，担负着传承古代青州文化的历史重任。

今天的青州市，地处山东半岛中部，1986 年由原益都县撤县设市，总面积 1569 平方公里，辖 4 个街道、8 个镇、1 个经济开发区。总人口 93 万，有回、满等少数民族近 3 万人。先后获得国家卫生城市、国家园林城市、中国优秀旅游城市、国家历史文化名城、全国民族团结进步模范集体等称号。

五千年不断点的文明塑造了青州古文化的文脉传承。青州古文化是齐鲁地域文化的重要组成部分，漫长的历史发展进程中形成了多元共生的文化现象：儒释道文化、清官名士文化、教育科举文化，从而使古代青州文化的内涵更加丰富。悠久的历史更是留下了丰厚的历史文化遗存，文献典籍、古建筑、古遗址、名胜古迹和馆藏、民藏文物数不胜数。

历史的使命，现实的重任，促使我们应尽快将青州历史文化介绍给已经关注和正在关注青州发展的朋友们，鉴于此，我们编辑了青州历史文化丛书，首批出版6册，《东夷之都》系统总结青州作为东夷文化重要发祥地的历史地位，展示青州东夷文化成果，揭示青州地区是东夷文化的中心地位；《青社拾遗》涉猎广泛，是一部包罗万象的小百科，书中记载着令人难忘的过去，又连接着不断流逝的现在，有些内容尚属前人从未触及过的空白区，因此，资料价值尤为珍贵；《范仲淹知青州》一书从范仲淹知青州的所作所为来研究他的晚年思想，了解范仲淹的一生，丰富范仲淹的研究成果，激励人们保持晚节、一生为国利民；《佳山堂诗集》为清初青州历史文化名人冯溥撰写的《佳山堂诗集》十九卷校勘本，书中收录冯溥的诗一千四百余首，此次校勘，以《四库存目丛书》版本为底本，以青州市东十里冯增祥老先生的台湾台北大学图书馆的复印本，及其他四个版本相对校，除《诗集》外，另附录了冯溥为孙廷铨撰写的墓志铭，为杨捷撰写的功德碑文；《房可壮与偶园》综述了房可壮生平事迹、诗文著作和他的花园——偶园的有关内容，兼顾资料性和可读性；《青州龙兴寺》以青州龙兴寺为主线，沿着历史发展的脉络，特别是沿着中国佛教发展史的轨迹，解析青州龙兴寺的沿革、发展和兴衰，解释佛教文化对中国社会发展、对人们的精神思想所起到的重大影响和作用。

青州市委、市政府高度重视文化建设，坚持把文化发展摆在更加突出的战略位置，全力打响文化青州品牌。每一个青州人都应担负起传播优秀传统文化的重任，向公众推介优秀的文化成果，把优秀传统文化一代代传承下去，为建设美丽青州、幸福青州增砖添瓦，共创美好的明天。

范仲淹铜像

清代乾隆皇帝为范仲淹手书《伯夷颂》题

三贤祠大门

范公井亭

范公祠（左侧高者）

前言

　　青州历史悠久，名人彪炳汗青。城西三贤祠里奉祀的范仲淹、欧阳修和富弼，就是封建时代贤臣良吏的代表人物。《范仲淹知青州》一书，就是全面翔实介绍范仲淹居官青州时所作所为的一部著作。该书的出版发行，填补了范仲淹知青州研究的空白，是青州历史文化建设的重要组成部分，是很有历史意义与现实意义的。

　　范仲淹于北宋皇祐三年（1051）春就任青州知州，于第二年初离去，在青州仅仅一年时间。范仲淹知青州不仅时间短，而且已是风烛残年。他在《陈乞颍亳一郡状》中真实记述了自己的身体状况："年高气衰，日增疾恙，去冬以来，顿成羸老，精神减耗，形体尪弱，事多遗忘，力不支持。"身体虽然羸老多病，但他还是极尽全力为黎民百姓做了很多好事。例如，赈灾救民：因青州一带受灾，他"奏请把军仓中的粮食留足一年军需，其余全部救济饥民"；改革税制：他利用物价的杠杆作用，将田赋按当时当地的价格令州民折价缴款，差吏携款到异地购粮，这样不仅免除了州民的"支移"之苦，而且州民还分得了剩余之款；为民治病：当时，青州一带红眼病蔓延，范仲淹令人熬制草药为民疗疾。还有开泉为井，造福州民。他观赏青州风光，留下动人诗章；正书唐代韩愈《伯夷颂》，在中国古代书法史上留下了辉煌的一页……对于这一切，这本书都做了详尽而真实的记载和论述。

　　该书的可贵处在于极力追求真实。笔者对于书中的每一史实，都下功夫做了认真的考察和辨析。一时不能有定论者，也都做了存疑处理，或者数说并存，留下继续研究的余地。编写《范仲淹知青州》一书，笔者心存敬畏，敬畏历史，敬畏古人，唯真求实。是为笔者编纂此书时的由衷心曲。

　　本书在篇目构架和内容组合上，笔者力图做到三个方面的有机结合。其一，地域性与广域性相结合。《范仲淹知青州》记述的是范公在青州任上的所作所为，这自然就决定了本书的地域性。本书挖掘和编辑的资料都具有青州的地方色彩，范公的作为是与青州百姓紧密联系在一起的，是与青州风土人情紧密联系在一起的，是与青州的山川风物紧密联系在一起的。同时，范公精神又是全国的，甚至是世界的。所以本书的记述和论证所及又是广泛的，是与全国对范公思想的研究紧密而有机地联系着的。地域性与广域性相结合，就使本书具备了鲜明的地方性特色，而且又具有了丰厚而深邃的广域性特点。其二，资料性与理论性相结合。本书的主要内容，是对范仲淹人生的最后阶段事迹及其思想的记述和阐论，是资料性的综合与理论性的探索紧密结合在一起的。其中丰富的资料是主要部分，如范公知青州的系年、作品、手书、遗迹，范公的传记、祠堂的碑碣，历代名人对范公赞颂的诗文等等，这些内容无疑增强了本书的资料性价值。同时，对于范公知青州时的人格、思想以及相关的作为，本书也作了深刻的剖析或解说。丰富的资料与深刻的论述相结合，就形成了本书的又一个特点。其三，相承性与辨析性相结合。所谓相承性，就是对范公研究的已有的相关成果，予以学习、承继与吸收。所谓辨析性，就是这种吸收不是盲目的、随意的，而是有分析的、有辨别的，尤其是注重对某些问题的进一步研究和探讨。这样，既尊重了前人和今人探究的成果，又不囿于这一研究的层面上，而试图把研究水平推向一个新的高度。对此，笔者是做了力所能及的努力，因水平所限，自己仍不满足。

　　范仲淹知青州，是他人生的最后时刻，是他由朝廷命官贬为地方官的最后一站。范仲淹知青州，留下的是老骥伏枥，壮心不已的奋斗精神，留下的是洁身自好、始终如一的高尚情怀，留下的是"留得夕阳无限时"的璀璨光环。这种精神，这种情怀，是我们中华民族之魂，它昭示千秋百代，将永远激励着为官者勤政爱民，励精图治，以建设廉洁清明、高效为民的良好政治机制。同时，也将永远激励着世人以天下为己任，为建设繁荣昌盛的伟大祖国、为实现中华民族伟大复兴的中国梦而奋斗不息!

2006 年以来,中共青州市纪委已把以范公祠为主的青州三贤祠,开辟为廉政文化教育基地。2008 年,山东省纪委、监察厅对 10 家省级廉政教育示范基地授牌,青州市三贤祠廉政文化教育基地就是其中之一。这是在新时代、新形势下,对以范公祠为主的青州三贤祠新的定位,我们应当以历史的思考和前瞻的眼光,考究其不寻常的意义。

而今,以范公祠为主的青州三贤祠,面貌焕然一新,融优美的自然风貌、丰富的人文景观、深厚的历史积淀与廉政文化教育和游览观赏风光于一体,正迎接着四面八方的游人前来瞻仰贤哲,汲取文化,陶冶情操,在回顾历史、欣赏自然的同时,接受廉政思想的教育。《范仲淹知青州》一书的出版发行,为游览者提供了认读的丰富资料和导游的指南。毫无疑问,这本书对于青州的文化旅游事业,对于青州廉政文化教育基地的建设,一定会起到良好的推动和促进作用。

作者

2015 年 10 月

目　录

一、范仲淹知青州系年

皇祐二年（1050）十一月，范公奉旨调知青州。

皇祐三年（1051）范公年六十三，以户部侍郎知青州，充淄、潍等州安抚使。春到任上。

范仲淹到青州任上的具体时间，各种资料记载不一。今把南宋楼钥①在《范文正公年谱》中的说法和范公的相关书信论列如下。

范公于皇祐三年"上巳日"到青州任上。

楼钥《范文正公年谱》在本年条下写道："按《尺牍》载《与韩魏公书》云：'某上巳日方至青社'"②。

全面予以分析，范公到青州的具体时间，应以《与韩魏公书》所写为准。"上巳日"，《辞海》、《辞源》等工具书的解释虽有多义性，但按照约定俗成的说法可断定为三月初三日。范公至青州的具体时间暂且如此论定。

是年春有《与韩魏公书》《青州谢上表》《举彭乘自代状》《举张讽李厚充青州职官状》和《祭杜待制文》等。《年谱》载，正月八日

---

① 楼钥（1137~1213）南宋大臣、文学家。字大防，又字启伯，号攻媿主人，明州鄞县（今浙江宁波）人。历官温州教授、乐清知县、翰林学士、吏部尚书兼翰林侍讲、资政殿学士，卒谥宣献。

② 《范仲淹全集》（中册），李勇先、王蓉贵校点。四川大学出版社2007年11月版，第908页。

青社：青州代称。"青社"一词最早见于《史记》，是齐国的代称。《史记·三王世家》载："维六年四月乙巳，皇帝使御史大夫汤庙立子闳为齐王。曰：'于戏，小子闳，受兹青社！'"《汉书》中亦有类似的记载。古代诸侯受封时，由皇帝授予代表其封国方位的某一色土，作为分得土地的象征。齐国在东方，东方配青色，所以授予青土立社。青社原为齐国代称，为何宋代又成了青州的代指呢？一是宋代以前就有人称青州为青土，曹植《与杨德祖书》中写："伟长擅名于青土。"伟长即出生于青州剧（今昌乐附近）的文学家徐干，这里的"青土"即青州。二是在宋代青州为京东路、京东东路治所，在京都汴梁（今开封）之东，是宋代东方重镇，而齐国旧都临淄亦在青州辖内，故把曾代称齐国的"青社"移指青州，自然能为人们所接受。

有《续家谱序》。

《与韩魏公书》又云：继富公之后，庶事有伦，守之弗坠，但岁饥物贵，河朔流民尚在村落，因须救济。

《范文正公年谱》记述：按言行录载《东斋记事》云：公镇青社，会河朔艰食，青之舆赋，博州置纳场，青民大患辇置之苦。公戒民纳价，每斗三锾，纳钞与之。以书与博守，遣官挽金诣博坐仓，以倍价招之。赍巨榜数道，介其境则张之，且戒曰："郡不假廪，寄僧舍可也。"至则贸者山积，不五日遂足，而博斛亦衍。斛金尚余数千缗，按等差给还之。"青民因立像祠焉"。

从这段记载文字可知，青州范公祠当是全国较早的范公生祠之一。

《年谱》载：三月，有《太子中舍致仕上官君墓志铭》。墓志中有"以皇祐三年四月六日，葬君于济阴县沛郡乡崇儒里"的记载。

春末夏初，有《祭英烈王文》。

皇祐三年十一月戊申，有黄素楷书唐代韩愈《伯夷颂》，寄苏才翁、文潞公、杜祁公、富郑公等。

是年，有诗歌作品《石子涧二首》《南楼》《登表海楼》《尧庙》《依韵和同年朱兵部王宾客交赠之什》等。

据范文正公《年谱》，是年有《论转运得人许自择知州奏》。

有的文章根据《国朝诸臣奏议》六十七卷说：范仲淹此奏章题为《上仁宗转运得人许自择知州》，注明上书时间为"庆历三年二月"，说《年谱》有误。[1]

是年，青州灾荒，范仲淹奏请把军仓中的粮食留足一年军需，其余全部用以救济灾民。

是年，有《陈乞颍亳一郡状》。

有的文章根据《续资治通鉴长编》一七二卷"资政殿学士、户部侍郎范仲淹以疾求颍州。诏自青州徙"之记载，说"此状为皇祐四年所作"[2]。

笔者认为，《陈乞颍亳一郡状》应是皇祐三年书，而在皇祐四年颁"诏"徙颍州（今安徽阜阳市）。

皇祐四年（1052），公年六十四

正月戊午，公扶病徙知颍州。五月二十日，卒于徐州。

---

①② 王端来《范仲淹生平事迹考辨》，见2008年第二届中国范仲淹国际学术论坛《论文汇编》。

二、范仲淹知青州诗文

寄乡人①

长白一寒儒，登荣三纪余。
百花春满地，二麦雨随车。
鼓吹前迎道，烟霞指旧庐。
乡人莫相羡，教子苦诗书。

南楼②

南楼百尺余，清夜微尘歇。
天会诗人情，遗此高高月。

---

① 此诗录自王辟之《渑水燕谈录》卷七。比王辟之晚百年的江少虞在《宋朝事实类苑》卷三十四中也有基本相同的记载："晚镇青州，西望故乡，才百余里，以诗寄其乡人（所引全诗此略）。"此诗还载于楼钥《范仲淹全集·年谱》大中祥符八年（1015）条下，但有的字词不同。如第二句为"名登二纪余"，第三句"地"为"路"，第四句"麦"为"月"，第五句"前迎道"为"迎前道"，尾句"苦"为"读"。

② 此诗摘录于《范文正公全集》卷六。南楼：明嘉靖《青州府志》载："宋建，无考。"此楼非明清间"南楼夜雨"之"南楼"。

3

石子涧二首①

凿开奇胜翠微间，
车骑笙歌暮未还。
彦国才如谢安石，
他时即此是东山②。

飞泉落处满潭雷，
一道苍然石壁开。
故老相传应可信，
此山云出雨须来③。

登表海楼④

一带林峦秀复奇，每来凭槛即开眉。
好山深会诗人意，留得夕阳无限时。

---

① 两首七绝摘录于《范文正公全集》卷七。石子涧，俗称瀑水涧，亦名石井水，在今城区西南1公里处。从前，这里是一瀑布，赞称"石洞冰帘"，是益都八景之一。郦道元在《水经注》中这样描述这里的景观："三面积石，高深一匹有余，长津激浪，瀑布而下，澎赑之音，惊川聒谷，漰淜之势，状同洪井。"

② 彦国：富弼，字彦国，他曾在石子涧侧建亭祈雨，人称"富公亭"。谢安石，即谢安，东晋政治家，曾辞官隐居会稽东山，后复出主持朝政。此为"东山再起"出处。此句，范仲淹把富弼比作谢安。

③ 故老，年老阅历丰富的人。此山，指云门山，当地有谚云："云门戴帽，觅汉睡觉。"戴帽，借代山被云彩遮住了，天将雨。觅汉，方言，即长工。

④ 此诗摘录于《范文正公全集》卷七。表海楼，亦名表海亭，又称望海楼。取《左传》"世胙太师，以表东海"之意而名，旧楼久已无存。明嘉靖《青州府志》卷七，"开眉"作"舒眉"。

尧庙①

千古如天日②，巍巍与善功。

禹终平浲水，舜亦致薰风③。

江海生灵外，乾坤揖让中。

乡人不知此，箫鼓谢年丰。

依韵和同年朱兵部王宾客交赠之什④

鹤禁兰宫达了身，高居南阙重为邻⑤。

西园冠盖时时会，北海樽罍日日亲⑥。

共弃荣华抛世态，同归清净复天真。

一如刘白东都下，更得裴公作主人⑦。

① 此五律摘录于《范文正公全集》卷七。尧庙：亦称尧山祠，在青州城西北尧王山上，建于南北朝时期。郦道元《水经注》中有记载。原祠已圮，于21世纪初，各界人士又集资重建。

② 千古：明嘉靖《青州府志》作"帝德"。

③ 浲：谓水不遵道。

④ 此七律摘录于《范文正公全集》卷七。同年：同科进士及第的人。朱兵部：朱贯，曾任兵部郎中。王宾客：王涣，曾为太子宾客。王辟之《渑水燕谈录》载："庆历春，杜祁公告老，退居南京，与太子宾客致仕王涣、光禄卿致仕毕世长、兵部郎中分司朱贯、尚书郎致仕冯平为'五老会'，吟诗相欢，士大夫高之。"（《渑水燕谈录》47页，中华书局出版，1981年3月版）

⑤ 鹤禁：太子居处。兰宫：即南宫，此指宋代皇室弟子的学塾。

⑥ 西园：官署名，汉称上林苑，隋唐称上林署，此代京里。北海：隋唐治青州，这里代指青州。

⑦ 刘白：指刘禹锡与白居易。东都：洛阳。裴度：唐宰相，晚年辞居洛阳，与刘、白把酒唱吟，不问世事。

青州谢上表①

臣某言：奉敕就差，臣知青州，充青、淄等州军安抚使，已到任交割勾当者。海岱之区，地望攸重，岳牧之任，邦选甚隆，拜命以还，戴荣而惧，臣某中谢。窃念臣赋才寡薄，抱节孤危，会遇不伦，进擢无状，发言多忤，非轻去明主之恩，触事为忧。所重在太平之业，涓尘未补，覆载何酬？尚沾鸿私，屡加优寄，渐兹衰朽，期以退藏。伏蒙皇帝陛下天量庇全，圣衷收采，改此剧藩之守，谨诸连帅之权，臣敢不逾励凤宵，虔分旰昃，体九重之深造，安千里之含生！上副圣求，少图忠效。臣无任云云。

论转运得人许自择知州奏②

古者内置大夫士，助天子司察天下之政；外置岳牧、方伯、刺史、观察使、采访使，通领诸侯守宰，以分理之。今转运按察使，古之岳牧、方伯；今之知州知县，古之诸侯守宰之任也。与陛下共理天下者，为守宰最要耳。比年以来，不知择选，一切以例除之。以一县观一州，一州观一路，一路观天下，率皆如此。其间纵有良吏，百无一二，使天下赋税不得均，讼狱不得平，水旱不得救，盗贼不得除，民既无告诉，必生愁怨。救之之术，莫若守宰得人。若守宰政举，则天下自无事矣。

---

① 此《表》摘录于《范文正公全集》卷四。《表》说青州为"海岱之区，地望攸重"，表示"逾励凤宵，虔分旰昃"，以"少图忠效"。同时也透露了自己"渐兹衰朽，期以退藏"的心境。

② 楼钥《范文正公年谱》把此《表》记于皇祐三年之中，故收录。但有的文章根据《国朝诸臣奏议》67卷的记载，说范仲淹此奏章题为《上仁宗转运得人许自择知州》，注明上书的时间为"庆历三年二月"，以为《年谱》有误。

举彭乘自代状①

准敕应系两省台官，尚书省六品以上，诸司四品已上，授讫具表，让一人自代者，右谨具如前。臣奉敕就转尚书户部郎中，依前充职。臣伏见京西提典刑狱尚书祠部员外郎、充集贤校理彭乘，博学不倦，孤立无徒，馆殿之中，独为淹久，臣奉举自代。

举张枫李厚充青州职官状②

伏奉敕命，就差知青州兼安抚使，已到任讫。今具合奏辟官二员如后。一前御史台主簿张枫，文学懿赡，履行纯雅，未升科进，的有才称，欲乞朝廷采于清议，推以异恩，特赐召试，授一出身，差签署青州观察判官厅公事。新注下正官王嘉祥，即今未到，乞勘会京东路节镇别除一处。一邓州南阳县主簿李厚，进士出身，素有文行，涉道且深。到任已成一考，见权邓州职官，欲乞朝廷特除权青州两使推官，兼管句安抚司机宜文字。节度推官近新到位，乞移侧近州郡。如难得阙，即乞许令安抚司差阙官处勾当，所贵不住俸给。况本路见阙官数员，右谨具如前。臣受国寄任，日忧旷阙，或得此二人，助其不逮，庶无败事。如朝廷擢任后，犯入己赃，及不如举状，并甘当同罪。谨具奏闻，伏候敕旨。

---

① 此《状》摘录于《范文正公全集》卷三。彭乘，字利建。《宋史》卷298有传。此《状》与下《状》意同，可见范公为国举荐人才、以期为用的心迹。

② 此《状》摘录于《范文正公全集》卷三。张讽，原为御史台主簿，范仲淹举荐为青州观察判官。梅尧臣有《送张讽寺丞赴青州幕》诗（此诗录自《宛陵先生文集》。本书第七页有范仲淹《举张讽李厚充青州职官状》。张枫因范仲淹推荐，赴青州任职。梅尧臣诗借送张讽赴青州事，赞颂了富弼、范仲淹治青的政绩，也描绘了张讽的形象）。李厚，原为南阳县主簿，范仲淹举荐为青州节度推官。《状》中有"如朝廷擢任后，犯入己赃，及不如举状，并甘当同罪"之语，足见范公为国举荐人才，绝不是为己私的坦荡胸怀。

祭杜待制文①

维皇祐三年正月日，具位范某谨致祭于故环庆经略、待制杜君之灵。呜呼！大儒之门，生此令人。学深如海，文敏若神。群经众史，精微悉臻。长疏大议，慷慨屡陈。蔼然风采，出乎缙绅。寇发岭南，猖狂不臣。通彼鬼夷，毒我天民。妻子以驱，室庐以焚。降之则变，抚之不驯。一方疮痍，嗷嗷呼冤。朝廷轸忧，择使在人。命君以往，万里其勤。去恶务本，岂曰不仁？数百就擒，戮于遵巡。贼怨我当，民枉我伸。于今几年，一边无尘。君之刚果，温造其伦。圣奖休烈，屏诸谗言。擢为侍从，寄以藩垣。邠宁一道，制于中军。忽焉疾至，不起以闻。天子震悼，惜其忠纯。呜呼！既钟其才，弗以寿存。一举之功，亦已不泯。我实知臣，尝以表论。今之云亡，痛楚悲辛。尚飨！

陈乞颍亳一郡状②

右臣辄陈危悃，上续高聪，逖仰雷霆，不任渊谷。切念臣涉道至浅，赋材本下，爰从孤宦，首被圣知，自谓得君，未尝避事，险易一志，周旋四方，今守东齐，方面亦重，救灾御寇，敢不尽心？而年高气衰，日增疾恙，去冬以来，顿成羸老，精神减耗，形体尫弱，事多遗忘，力不支持。其青州常程公事，已牒通判职官发遣，其安抚一路，九州军兵马，公事繁多。至于郡县利害，乡川寇盗，皆禀本司指踪。自臣抱病，勾管不前，上无以分宵旰之忧，下无以逃尸素之诮，惟是奏报文字，臣则竭心勉率，以多稽缓。揣己量力，实不自安。伏望圣慈于颍、亳二州，就差臣一处，所贵闲慢少事，可以养疾，庶安析质，少保残年。仰祈洪造之私，惟誓丹衷之报。臣无任云云。

---

① 此《文》摘录于《范文正公全集》卷十一。
　　杜待制：即杜杞，字伟长，金陵人。《宋史》卷三百有传。
② 此《状》摘录于《范文正公全集》卷三。范公知青州时，确实病已很重，但他仍然勤政爱民，为老百姓做了很多好事。

与韩魏公书①

某再拜大资侍郎：在余杭捧闰首赐教，过垂周厚。私念去人必至麾下，以改郡迩行，未遑修谢。及山阳遇回介，并授钧翰，及示奇章，感叹荣抃，为生平美事，甚幸甚幸！退省虚陋，曷称重奖，惟思砥砺名节，以副知己，惶恐惶恐！某上巳日方至青社，继富公之后，庶事有伦，守之弗坠。但岁饥物贵，河朔流民尚在村落，因须救济。数日间入城者六七千人，无非饥穷。某来未已，二麦须稔，方可复苏。四向亦有寇盗，齐博间稍炽。三两日来，时有雨泽，但未沾足，亦有望也。忧责非轻，岂衰老可当？受国恩重，不忍辞避。拜遇未卜，日深瞻望，仰祝大拜，为天下福，吾道之至愿。谨奉此上谢。

某顿首再拜大资侍郎：伏惟纯德至诚，天下倚望，神灵所护，起居其宁。某居此憧憧之地，固已少暇。复岁时以来，家多忧苦，以致阙于奏记，徒念念于知己，惶悚惶悚！惟天意在公，早正钧轴，天下之幸，吾道为光也，不任区区之愿。

某顿首再拜观文侍郎：恭惟台候万福。中间人回，蒙赐教，备荷恩意。《阅古堂诗》，仰副来命，不敢不勉。过辱褒许，且愧且惧。明公拜命，初以贤辅留滞，不敢修贺。先赐荣问，复稽裁谢，为安抚提转相继而来，后又腹疾作，遂成懒慢。以恃公见爱之深，必未谴咎，惶恐惶恐！今岁早寒，关塞应甚，伏冀倍加自重，以副具瞻之情。谨此。

某惶恐再拜观文侍郎：某病中捧书，过赐忧轸勤厚之意，何以胜戴？即今尚未痊差，扶病上道赴颍州。益远风问，但深瞻恋之剧。初暑，伏惟为国倍加自重，至祷至祷。

---

① 此《书》摘录于《范文正公全集》卷十。此四段给韩琦的书信，是研究范公在青州的行踪与思想的重要资料。韩魏公：韩琦（1008～1075），字稚圭，宋仁宗时进士。经仁宗、英宗、神宗，迭任枢密使、宰相等职，执政三朝，封魏国公。卒谥"忠献"。

太子中舍致仕上官君墓志铭①

君讳融，字仲川，其先蜀人也。曾祖讳琛，不仕。祖讳逊，赠礼部侍郎。父讳似，兵部员外郎、京东转运使，赠光禄少卿。妣袁氏，彭城县太君。

君幼专词学，秀出流辈。天圣二年秋，广文馆举进士，公卿大夫之子咸在焉，君中第一人。明年春，礼部较天下之才，君别试于太常寺，又首荐之。由是名动京师，士大夫愿识其面。未第间，丁光禄忧，朝廷录光禄之后，赐君同学究出身。服除，授信州贵溪县主簿，君不辞小官而恪其职。今枢密直学士蒋希鲁、故龙图阁直学士吴安道，时并任江南东路转运使，联章荐君，就迁蔡州平舆县令。吴移使淮南，奏掌真州盐仓。又，龙图阁直学士段希逸与时贤七人举君于朝。旋以疾闻，除太子中舍致仕，居于曹南郡。以庆历三年三月五日不起，年四十有九。

君始娶任氏，再娶辛氏，封金城县君。子二人，长曰延赏，郊社斋郎；次曰延德。

君之弟太子中舍隆与其孤，以皇祐三年四月六日，葬君于济阴县沛郡乡崇儒里，请铭于予。予天禧初为谯之从事，光禄公方典是郡，君时侍行，而予始识君。见君文雅有议论，不敢以子弟器之。后数年，与君会于京师，与之游皆当世异才，以文学风义相许，予益爱焉。君既禄仕，而大夫之贤者多荐之，斯可谓之闻人矣。惜乎命之不修，弗克树勋于时，可永叹焉。或者曰："儒生多薄命，天岂不与善也？"余谓不然，君子之为善也，必享其吉，有穷且夭者，世皆重而伤之，虽一二人犹以为多焉。小人之为不善也，必惧其凶，其祸且死者，世皆忽而忘之，虽千百人若无焉。如仲川之亡，可谓重而伤之者矣。故作铭云：

惟人之才而无命兮，犹物之秀而不实。品汇纷其自然兮，非化工

---

① 此《铭》摘录于《范文正公全集》卷十二。上官融：《铭》中有介绍。《铭》中介绍了上官融的简略生平及与范公的交往，抒发了对上官融有才而无命的感慨。

之能一。仲川之亡兮可奈何？如川之去兮无还波！彭殇至此兮，孰少孰多？君子之思兮，徒为乎悲歌。

续家谱序①

吾祖唐相履冰之后，旧有家谱，咸通十一年庚寅，一枝渡江，为处州丽水县丞，讳隋，中原离乱不克归，子孙为中吴人。皇宋太平兴国三年，曾孙坚、坰、墉、埙、昌、言六人，从钱氏归朝，仕宦四方，终于他邦，子孙流离，遗失前谱。至仲淹，蒙窃国恩，皇祐中来守钱塘，遂过姑苏，与亲族会，追思祖宗，既失前谱未获，复惧后来昭穆不明，乃于族中索所藏诰书、家集考之，自丽水府君而下，四代祖考，及今子孙支派尽在。乃创义田，计族人口数而月给之。又理祖第，使复其后，以永依庇。故作续家谱而次序之。

皇祐三年正月八日，资政殿学士、金紫光禄大夫、行尚书户部侍郎、知青州军事兼管内劝农事、充青州淄潍登莱沂密徐州淮阳军安抚使、护军仲淹述。

苏才翁转运②皇祐三年十一月

示谕写黄素，为《乾》卦字多，眼力不逮，且写《伯夷颂》上呈。此中寒甚，前面笔冻，欲重写，又恐因循。书札亦要切磋，未是处无惜见教。书《伯夷颂》后。

---

① 此《序》摘录于《范文正公全集》补编一。范仲淹《序》后自记：写作时间为"皇祐三年正月八日"。四川大学于2007年11月新出版的《范仲淹全集》，根据《水东日记》卷八认定为"八"日。

② 此段文字摘录于《范文正公全集》补编三。苏舜元（1006～1054）：字子翁，一作才翁，宋梓州铜山（今四川三台）人。官至尚书度支员外郎、三司度支判官。善草、隶书，著有诗集1卷。

赠大理寺丞蔡君墓表①

经曰："君子之道，闇然而日章。"尝试观之，士果有文与行，不必据高享大而后显。虽林壑之幽，逝而不泯者，盖有称焉。

君讳元卿，字某（长叔），其先洛阳人。祖讳某（绾），为莱之胶水令。有惠爱，名（原碑字，原著为"君"四川大学新版本注"疑当作'居'"）官九载不得去。既终，邑人留葬之，子孙遂家焉。父讳某（隣），克己好学，以疾不仕。

君幼不为戏，长而好学。一日，叹曰："男子生而有四方之志，吾从事于文，岂踽身环堵，而能通天下之志乎？"乃轩然远游，至江西胡氏之义学，与群士居，非礼不由，非道不谈，君子愿交焉。五年业成，复归于齐，乡老请荐之。时方尚雕虫技，君以好古，不合于有司，退居淄川郡之北郊。有田数十顷，而衣食之，以贫为乐，未尝屈于人。有豪士至门，愿输钱五十万，请为陶朱之事，以肥其家。君谢之曰："吾伏腊之余尚可为酒醴，咏歌之音足以悦情性。吾之仁义不得施于生民，忍以货殖而取之乎！"豪士惭而引去。君退于斯，终于斯，享年四十七。

君体貌魁梧，伟其衣冠，人皆望而畏之，而性本慈孝。故参知政事文忠公视君诸父也，君亲爱之，过于己子。每得文忠所著，则喜盈颜面，示于识者曰："起吾家者耶！"

君娶故驾部员外郎王允己之女，赠某（荥阳）县君，以孝和闻。生四子：曰弈，曰禀，曰亶，曰交，皆由交忠荫补，报君之德也。弈早终于乾宁主簿。禀既仕而学，再举进士出身，夙夜刻志，富于学问。尝应贤良方正科，虽失于有司，以是着闻于时，至监察御史而

---

① 此《墓表》选自《范文正公全集》卷十二。四川大学新校版《范仲淹全集》（上册）第378～380页。此《表》写于庆历五年（1045），范公虽然不在青州任上，但是碑文中的人与事皆涉青州，且墓碑存于青州。碑文拓片由房崇阳先生提供。从拓片文与原著对照，可以看出，在请范公撰写墓表的时候，有些人名、地名不明，便以"某"字代替。本墓表文中"某"字后括号里的字，就是根据拓片添上的。蔡元卿：《墓表》中有说明。

终。君与夫人因禀叙郊祀恩，俱被赠告。亶与交今并为大理寺丞，克孝于亲，奉君与夫人之丧，以某（庆历五）年（十）月（九）日，合葬于青州某（益都）县（永固乡东）某（邓）原，礼也。

子孙游宦，诚南北之人也，故表而识之云：

君屈其身，不屈其道。爱及文忠，文忠以报。子孙乃昌，相与为孝。墓而表之，如立庙貌。

庆历乙酉岁十一月二日立石　新授文林郎守歙州歙县主簿差监扬州在城商税务张唐民书　定陶陈忱篆额

祭英烈王文①

年月日，具官范某，谨昭告于英烈王之神。惟王孝于其亲，可以训天下之为人子者；忠于其君，可以训天下之为人臣者。惟忠孝之至诚，与天地而不泯。宜乎庙食兹土，仰之如在。某尝叨近辅，来守是邦，忧国爱民，此其职也。今春稼方立，霪雨大至。川源奔注，田亩浸溢。生民之命，实系于斯。人将不堪，神岂无意！救兹亿兆，非王而谁？尚飨！

---

① 此《祭文》摘录于《范文正公全集》卷十一。写于皇祐三年（1051）春末夏初，以祈请英烈王止霪雨，保丰收，佑邦民。英烈王：即"九使"，传说是"蟒天神王"的第九个儿子，被敕封九使为英烈王。

三、范仲淹传记选

在青州，历代志书皆为范仲淹立传，可见其影响至广至深。

因为本书特别注重地方性，所以选择收录明代嘉靖《青州府志》、清代光绪《益都县图志》和新编《青州市志》三部有代表性的府、县、市方志中所记载的范仲淹传记。收录三部志书的范公传记，亦有让读者在阅读中比较各篇传记取材异同的初衷。同时，此书又注重全面性，并为读者提供阅读的方便，所以也收录了《宋史》中的《范仲淹传》，以便读者更全面地认识范公。

范仲淹传记①

范仲淹字希文，其先姑苏人。幼孤，随母适长山朱氏，读书长白山，日煮粥，贮一器，画为四块，早晚断齑数茎啖之。祥符八年，举进士，礼部选第一。历官参知政事、资政殿学士。庆历间知青州（皇祐间——笔者注），惠政及民，瑞应醴泉，遗井尚存。公内刚外和，富贵贫贱、毁誉欢戚一不动心，慨然有志于天下，尝曰："士当先天下之忧而忧，后天下之乐而乐。"其为谏官，抗直敢言，士大夫为之矫厉气节。经略西夏，练兵选将，城筑大顺，贼为丧胆。比参大政，条上十事，裁削幸滥，考核官吏，日夜图治太平。授横渠以中庸，授明复以春秋。首开理学，尤非当时诸臣所及云。

---

① 此传记见明嘉靖《青州府志》卷十二。该传记对范公知青州的事迹写得比较简略。《府志》始修于嘉靖四十一年（1562）春，成书于四十四年（1565）冬。知府杜思主修。纂修者49人，冯惟讷（嘉靖戊戌进士，官至光禄寺正卿）为第一总纂。

范仲淹传记①

范仲淹字希文，谥"文正"。其先邠州人，后徙家江南，遂为苏州吴县人，举进士第。庆历末，请罢政事，出知邓州，徙杭州，再徙青州。有惠政，阳溪侧出醴泉，仲淹构亭泉上，民感其德，以"范公"目之。皇祐四年，以疾徙颍州，道卒。（见《宋史》本传及《长编》《齐乘》）

范仲淹传记②

范仲淹（989~1052）字希文，北宋政治家、军事家、文学家，苏州吴县人。宋皇祐三年（1051）以户部侍郎知青州，皇祐（1052）病逝于赴颍州途中。

他读书期间就以"先天下之忧而忧，后天下之乐而乐"自勉。康定元年（1040）以龙图阁直学士任陕西经略副使，反击西夏侵略，战绩卓著，众兵拥戴，唱道："军中有一范，西贼闻之惊破胆。"西夏军不敢侵犯，互相警告说："小范老子腹中自有数万甲兵"。庆历三年（1043）任参知政事，锐意改革弊政，提出考核官吏，任人唯贤，裁削幸滥，注重农桑，减轻徭役，整顿武备，推行法制，取信于民等重大措施，史称"庆历新政"，由于守旧派的反对而不能实现，被贬为地方官。

仲淹两岁丧父，母改嫁，随适淄州长白山朱姓。幼年读书于佛

---

① 此传记见清代光绪《益都县图志·官师二》）。该传记对范公知青州的事迹也写得很简略。《图志》，始修于光绪十七年（1891），成书于三十三年（1907），历时17年。主修前为知县张承燮，后为知县李祖年。主纂始为胶州法伟堂，后由县人孙文楷校补。

② 此传记摘录于新编《青州市志》第994~995页。该志由南开大学出版社出版发行，1989年2月第1版。由张景孔、邢其典任主编。

寺，家贫，每天煮小米两合，凝后，切为四块，早晚吃两块。困倦时，用冷水洗脸，继续苦读。大中祥符八年（1015）中进士，出仕。

晚年，守青州，写诗寄给乡里："长白一寒儒，登荣三纪余。百花春满地，二麦雨随车。鼓吹迎前道，烟霞指旧庐。乡人莫相羡，教子苦读书。"（"读"，有为"诗"）

仲淹知青州时，黄河北闹粮荒，朝廷命令青州的田赋要运到博州（今聊城）去交纳，迢迢千里，民众都为长途运输发愁。仲淹探明博州的粮价并不昂贵，就下令把田赋粮折价交款，派人携款到博州购粮，因价格优惠，售者踊跃，不到五天就购足了，还剩下数千缗钱，按比率发还给农户。皇祐三年（1051）青州灾荒，仲淹奏请把军仓中的粮食留足一年军需，其余全部救济饥民，州民感激。

仲淹工于诗、词、散文，有《范文正公全集》行世，其《岳阳楼记》《江上钓者》《渔家傲》诸篇脍炙人口，千古传诵。守青州时，尝藉青州景物，写诗抒怀言志。当时他虽处在"庆历新政"失败被贬谪之后，老病交困，但诗的意境却蓬勃奋发。如《表海亭》有"好山深会诗人意，留得夕阳无限时"句，满目光明；《石子涧》有"飞泉落处满潭雷，一道苍然石壁开"句，气势磅礴；而"彦国才如谢安石，他时即此是东山"句，以谢安比拟与他共同主持"庆历新政"的富弼（字彦国），实际也是自况，更道出不甘"伏枥"，准备"东山再起"的雄心。

青州南阳城西阳溪旁，古木蒙密，是青州佳处。范仲淹守青州期间，溪旁有甘泉涌出，仲淹筑亭覆泉。死后，州民名为"范公井亭"，并在亭侧建范公祠。欧阳修、刘敞等名人都赋诗刻石榜立亭中。经历900余年的沧桑变化，亭、祠随圮随修，规模日宏。新中国成立后，屡加扩修，与"快活林""顺河楼""四松亭"及新建的"花卉园""洋溪湖"共辟为"范公亭公园"，成为青州游览胜地，并把城区南部东西干路，命名为"范公亭路"，可见遗爱之深。1934年，爱国将领冯玉祥游青州范公亭，曾手书一联云：

兵甲富胸中，纵叫他虏骑横飞，也怕那范小老子；

忧乐关天下，愿今人砥砺振奋，都学这秀才先生。

附 《宋史》范仲淹传①

范仲淹字希文，唐宰相履冰之后。其先邠州人也，后徙家江南，遂为苏州吴县人。仲淹二岁而孤，母更适长山朱氏，从其姓，名说。少有志操，既长，知其世家，乃感泣辞母，去之应天府，依戚同文学。昼夜不息，冬月惫甚，以水沃面；食不给，至以糜粥继之，人不能堪，仲淹不苦也。举进士第，为广德军司理参军，迎其母归养。改集庆军节度推官，始还姓，更其名。

监泰州西溪盐税，迁大理寺丞，徙监楚州粮料院，母丧去官。晏殊知应天府，闻仲淹名，召寘府学。上书请择郡守，举县令，斥游惰，去冗僭，慎选举，抚将帅，凡万余言。服除，以殊荐，为秘阁校理。仲淹泛通《六经》，长于《易》，学者多从质问，为执经讲解，亡所倦。尝推其奉以食四方游士，诸子至易衣而出，仲淹晏如也。每感激论天下事，奋不顾身，一时士大夫矫厉尚风节，自仲淹倡之。

天圣七年，章献太后将以冬至受朝，天子率百官上寿。仲淹极言之，且曰："奉亲于内，自有家人礼，顾与百官同列，南面而朝之，不可为后世法。"且上疏请太后还政，不报。寻通判河中府，徙陈州。时方建太一宫及洪福院，市材木陕西。仲淹言："昭应、寿宁，天戒不远。今又侈土木，破民产，非所以顺人心、合天意也。宜罢修寺观，减常岁市木之数，以蠲除积负。"又言："恩幸多以内降除官，非太平之政。"事虽不行，仁宗以为忠。

太后崩，召为右司谏。言事者多暴太后时事，仲淹曰："太后受遗先帝，调护陛下者十余年，宜掩其小故，以全后德。"帝为诏中外，毋辄论太后时事。初，太后遗诰以太妃杨氏为皇太后，参决军国事。仲淹曰："太后，母号也，自古无因保育而代立者。今一太后崩，又立一太后，天下且疑陛下不可一日无母后之助矣。"

岁大蝗旱，江、淮、京东滋甚。仲淹请遣使循行，未报。乃请间

---

① 范仲淹传摘录于《宋史》第314卷。全文附于此，意在方便读者阅读全文，以感知范公的全部人生经历与思想。

曰：“宫掖中半日不食，当何如？”帝恻然，乃命仲淹安抚江、淮，所至开仓赈之，且禁民淫祀，奏蠲庐舒折役茶、江东丁口盐钱，且条上救敝十事。

会郭皇后废，率谏官、御史伏阁争之，不能得。明日，将留百官揖宰相廷争，方至待漏院，有诏出知睦州。岁余，徙苏州。州大水，民田不得耕，仲淹疏五河，导太湖注之海，募人兴作，未就，寻徙明州，转运使奏留仲淹以毕其役，许之。拜尚书礼部员外郎、天章阁待制，召还，判国子监，迁吏部员外郎、权知开封府。

时吕夷简执政，进用者多出其门。仲淹上《百官图》，指其次第曰：“如此为序迁，如此为不次，如此则公，如此则私。况进退近臣，凡超格者，不宜全委之宰相。”夷简不悦。他日，论建都之事，仲淹曰：“洛阳险固，而汴为四战之地，太平宜居汴，即有事必居洛阳。当渐广储蓄，缮宫室。”帝问夷简，夷简曰：“此仲淹迂阔之论也。”仲淹乃为四论以献，大抵讥切时政。且曰：“汉成帝信张禹，不疑舅家，故有新莽之祸。臣恐今日亦有张禹，坏陛下家法。”夷简怒诉曰：“仲淹离间陛下君臣，所引用，皆朋党也。”仲淹对益切，由是罢知饶州。

殿中侍御史韩渎希宰相旨，请书仲淹朋党，揭之朝堂。于是秘书丞余靖上言曰：“仲淹以一言忤宰相，遽加贬窜，况前所言者在陛下母子夫妇之间乎？陛下既优容之矣，臣请追改前命。”太子中允尹洙自讼与仲淹师友，且尝荐己，愿从降黜。馆阁校勘欧阳修以高若讷在谏官，坐视而不言，移书责之。由是，三人者偕坐贬。明年，夷简亦罢，自是朋党之论兴矣。仲淹既去，士大夫为论荐者不已。仁宗谓宰相张士逊曰：“向贬仲淹，为其密请建立皇太弟故也。今朋党称荐如此，奈何？”再下诏戒敕。

仲淹在饶州岁余，徙润州，又徙越州。元昊反，召为天章阁待制、知永兴军，改陕西都转运使。会夏竦为陕西经略安抚、招讨使，进仲淹龙图阁直学士以副之。夷简再入相，帝谕仲淹使释前憾。仲淹顿首谢曰：“臣乡论盖国家事，于夷简无憾也。”

延州诸砦多失守，仲淹自请行，迁户部郎中兼知延州。先是，诏分边兵：总管领万人，钤辖领五千人，都监领三千人。寇至御之，则官卑者先出。仲淹曰："将不择人，以官为先后，取败之道也。"于是大阅州兵，得万八千人，分为六，各将三千人，分部教之，量贼众寡，使更出御贼。时塞门、承平诸砦既废，用种世衡策，城青涧以据贼冲，大兴营田，且听民得互市，以通有无。又以民远输劳苦，请建鄜城为军，以河中、同、华中下户税租就输之。春夏徙兵就食，可省籴十之三，他所减不与。诏以为康定军。

明年正月，诏诸路入讨，仲淹曰："正月塞外大寒，我师暴露，不如俟春深入，贼马瘦人饥，势易制也。况边备渐修，师出有纪，贼虽猖獗，固已慑其气矣。鄜、延密迩灵、夏，西羌必由之地也。第按兵不动，以观其衅，许臣稍以恩信招来之。不然，情意阻绝，臣恐偃兵无期矣。若臣策不效，当举兵先取绥、宥，据要害，屯兵营田，为持久计，则茶山、横山之民，必挈族来归矣。拓疆御寇，策之上也。"帝皆用其议。仲淹又请修承平、永平等砦，稍招还流亡，定堡障，通斥候，城十二砦，于是羌汉之民，相踵归业。

久之，元昊归陷将高延德，因与仲淹约和，仲淹为书戒喻之。会任福败于好水川，元昊答书语不逊，仲淹对来使焚之。大臣以为不当辄通书，又不当辄焚之，宋庠请斩仲淹，帝不听。降本曹员外郎、知耀州，徙庆州，迁左司郎中，为环庆路经略安抚、缘边招讨使。初，元昊反，阴诱属羌为助，而环庆酋长六百余人，约为乡道，事寻露。仲淹以其反复不常也，至部即奏行边，以诏书犒赏诸羌，阅其人马，为立条约："若仇已和断，辄私报之及伤人者，罚羊百、马二，已杀者斩。负债争讼，听告官为理，辄质缚平人者，罚羊五十、马一。贼马入界，追集不赴随本族，每户罚羊二，质其首领。贼大入，老幼入保本砦，官为给食；即不入砦，本家罚羊二；全族不至，质其首领。"诸羌皆受命，自是始为汉用矣。

改邠州观察使，仲淹表言："观察使班待制下，臣守边数年，羌人颇亲爱臣，呼臣为'龙图老子'。今退而与王兴、朱观为伍，第恐为贼轻矣。"辞不拜。庆之西北马铺砦，当后桥川口，在贼腹中。仲淹欲城之，度贼必争，密遣子纯祐与蕃将赵明先据其地，引兵随之。诸将不知所向，行至柔远，始号令之，版筑皆具，旬日而城成，即大顺城是也。贼觉，以骑三万来战，佯北，仲淹戒勿追，已而果有伏。

大顺既城，而白豹、金汤皆不敢犯，环庆自此寇益少。

明珠、灭臧劲兵数万，仲淹闻泾原欲袭讨之，上言曰："二族道险，不可攻，前日高继嵩已丧师。平时且怀反侧，今讨之，必与贼表里，南入原州，西扰镇戎，东侵环州，边患未艾也。若北取细腰、胡芦众泉为堡障，以断贼路，则二族安，而环州、镇戎径道通彻，可无忧矣。"其后，遂筑细腰、胡芦诸砦。

葛怀敏败于定川，贼大掠至潘原，关中震恐，民多窜山谷间。仲淹率众六千，由邠、泾援之，闻贼已出塞，乃还。始，定川事闻，帝按图谓左右曰："若仲淹出援，吾无忧矣。"奏至，帝大喜曰："吾固知仲淹可用也。"进枢密直学士、右谏议大夫。仲淹以军出无功，辞不敢受命，诏不听。

时已命文彦博经略泾原，帝以泾原伤夷，欲对徙仲淹，遣王怀德喻之。仲淹谢曰："泾原地重，第恐臣不足当此路。与韩琦同经略泾原，并驻泾州，琦兼秦凤，臣兼环庆。泾原有警，臣与韩琦合秦凤、环庆之兵，掎角而进；若秦凤、环庆有警，亦可率泾原之师为援。臣当与琦练兵选将，渐复横山，以断贼臂，不数年间，可期平定矣。愿诏庞籍兼领环庆，以成首尾之势。秦州委文彦博，庆州用滕宗谅总之。孙沔亦可办集。渭州，一武臣足矣。"帝采用其言，复置陕西路安抚、经略、招讨使，以仲淹、韩琦、庞籍分领之。仲淹与琦开府泾州，而徙彦博帅秦，宗谅帅庆，张亢帅渭。

仲淹为将，号令明白，爱抚士卒，诸羌来者，推心接之不疑，故贼亦不敢辄犯其境。元昊请和，召拜枢密副使。王举正懦默不任事，谏官欧阳修等言仲淹有相材，请罢举正用仲淹，遂改参知政事。仲淹曰："执政可由谏官而得乎？"固辞不拜，愿与韩琦出行边。命为陕西宣抚使，未行，复除参知政事。会王伦寇淮南，州县官有不能守者，朝廷欲按诛之。仲淹曰："平时讳言武备，寇至而专责守臣死事，可乎？"守令皆得不诛。

帝方锐意太平，数问当世事，仲淹语人曰："上用我至矣，事有先后，久安之弊，非朝夕可革也。"帝再赐手诏，又为之开天章阁，召二府条对，仲淹皇恐，退而上十事：

一曰明黜陟。二府非有大功大善者不迁，内外须在职满三年，在京百司非选举而授，须通满五年，乃得磨勘，庶几考绩之法矣。二曰抑侥幸。罢少卿、监以上乾元节恩泽；正郎以下若监司、边任，须在职满二年，始得荫子；大臣不得荐子弟任馆阁职，任子之法无冗滥矣。三曰精贡举。进士、诸科请罢糊名法，参考履行无阙者，以名闻。进士先策论，后诗赋，诸科取兼通经义者。赐第以上，皆取诏裁。余优等免选注官，次第人守本科选。进士之法，可以循名而责实矣。四曰择长官。委中书、枢密院先选转运使、提点刑狱、大藩知州；次委两制、三司、御史台、开封府官，诸路监司举知州、通判；知州通判举知县、令。限其人数，以举主多者从中书选除。刺史、县令，可以得人矣。五曰均公田。外官廪给不均，何以求其为善耶？请均其入，第给之，使有以自养，然后可以责廉节，而不法者可诛废矣。六曰厚农桑。每岁预下诸路，风吏民言农田利害，堤堰渠塘，州县选官治之。定劝课之法以兴农利，减漕运。江南之圩田，浙西之河塘，隳废者可兴矣。七曰修武备。约府兵法，募畿辅强壮为卫士，以助正兵。三时务农，一时教战，省给赡之费。畿辅有成法，则诸道皆可举行矣。八曰推恩信。赦令有所施行，主司稽违者，重置于法；别遣使按视其所当行者，所在无废格上恩者矣。九曰重命令。法度所以示信也；行之未几，旋即厘改。请政事之臣参议可以久行者，删去烦冗，裁为制敕行下，命令不至于数变更矣。十曰减徭役。户口耗少而供亿滋多，省县邑户少者为镇，并使、州两院为一，职官白直，给以州兵，其不应受役者悉归之农，民无重困之忧矣。

　　天子方信向仲淹，悉采用之，宜著令者，皆以诏书画一颁下；独府兵法，众以为不可而止。

　　又建言："周制，三公分兼六官之职，汉以三公分部六卿，唐以宰相分判六曹。今中书，古天官冢宰也，枢密院，古夏官司马也；四官散于群有司，无三公兼领之重。而二府惟进擢差除，循资级，议赏罚，检用条例而已。上非三公论道之任，下无六卿佐王之职，非治法也。臣请仿前代，以三司、司农、审官、流内铨、三班院、国子监、太常、刑部、审刑、大理、群牧、殿前马步军司，各委辅臣兼判其事。凡官吏黜陟、刑法重轻、事有利害者，并从辅臣予夺；其体大者，二府佥议奏裁。臣请自领兵赋之职，如其无补，请先黜降。"章得象等皆曰不可。久之，乃命参知政事贾昌朝领农田，仲淹领刑法，然卒不果行。

初，仲淹以忤吕夷简，放逐者数年，士大夫持二人曲直，交指为朋党。及陕西用兵，天子以仲淹士望所属，拔用之。及夷简罢，召还，倚以为治，中外想望其功业。而仲淹以天下为己任，裁削幸滥，考核官吏，日夜谋虑兴致太平。然更张无渐，规摹阔大，论者以为不可行。及按察使出，多所举劾，人心不悦。自任子之恩薄，磨勘之法密，侥幸者不便，于是谤毁稍行，而朋党之论浸闻上矣。

会边陲有警，因与枢密副使富弼请行边。于是，以仲淹为河东、陕西宣抚使，赐黄金百两，悉分遗边将。麟州新罹大寇，言者多请弃之，仲淹为修故砦，招还流亡三千余户，蠲其税，罢榷酤予民。又奏免府州商税，河外遂安。比去，攻者益急，仲淹亦自请罢政事，乃以为资政殿学士、陕西四路宣抚使、知邠州。其在中书所施为，亦稍稍沮罢。

以疾请邓州，进给事中。徙荆南，邓人遮使者请留，仲淹亦愿留邓，许之。寻徙杭州，再迁户部侍郎，徙青州。会病甚，请颍州，未至而卒，年六十四。赠兵部尚书，谥文正。初，仲淹病，帝常遣使赐药存问，既卒，嗟悼久之。又遣使就问其家，既葬，帝亲书其碑曰"褒贤之碑"。

仲淹内刚外和，性至孝，以母在时方贫，其后虽贵，非宾客不重肉。妻子衣食，仅能自充。而好施予，置义庄里中，以赡族人。泛爱乐善，士多出其门下，虽里巷之人，皆能道其名字。死之日，四方闻者，皆为叹息。为政尚忠厚，所至有恩，邠、庆二州之民与属羌，皆画像立生祠事之。及其卒也，羌酋数百人，哭之如父，斋三日而去。四子：纯祐、纯仁、纯礼、纯粹。

四、范仲淹手书《伯夷颂》及题跋

　　皇祐三年（1051）十一月，范仲淹在青州官署手书唐代韩昌黎的《伯夷颂》，寄给时任京西转运使的苏舜元之后，历代题跋连绵不断。自宋代1051年至清代光绪年间，一二百人所书题跋，主要表达了对

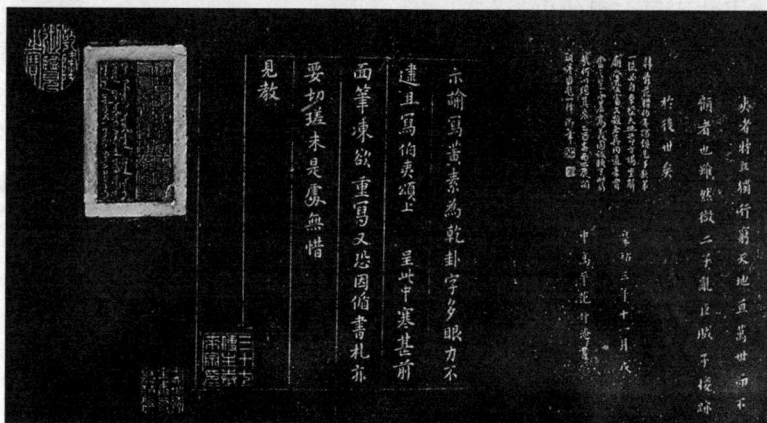

范仲淹手书韩愈《伯夷颂》

范仲淹人品精神、书法艺术等的理解与赞颂。题跋者中既有文彦博等忠臣，也有秦桧等奸佞；既有宋代的书法家蔡襄，也有元代的书法家赵孟頫等；甚至还有乾隆皇帝的手书……丰富多彩，蔚为大观。

乾隆帝为范仲淹手书
《伯夷颂》题诗

清吴庆坻《蕉廊脞录·卷七》在"范仲淹书伯夷颂长卷"条下云：长卷首行御题"范仲淹书伯夷颂高义园世宝"十二字，又御书"圣之清"三大字，朝臣奉命题诗者：尹继善、庄有恭、于敏中也。文正自署款，曰"皇祐三年十一月戊申高平范仲淹书"。后有翰林院编修二十四世孙范来宗跋，工部左侍郎兼镶红旗副都统二十一世孙范时纪谢恩折。卷中有"江宁开国""秦氏藏书"二小印，"秋壑珍玩""贾似道印""秋壑"三小印，盖南渡后为秦、贾二相递藏。

目前流行于世的《高义园世宝》影印本及盛放用的木匣子，完全是按照原本的书卷尺寸、厚薄等规格制作而成的。书卷全长近 30 米，高 0.4 米左右，几乎难以看出是影印本的痕迹。书卷的本身已被大火烧毁，影印本使用的原本为其石刻拓本，目前仅有一套存于范仲淹三十世孙家中，"这尤其是研究范仲淹书法不可多得的史料"。

根据有关资料，今将为范仲淹手书《伯夷颂》题跋之大部分摘录于后（全部题跋手书影印件见《范仲淹研究文集》，范国强主编，人民出版社 2003 年版），并随附部分题跋影印件。

□书从北海寄西豪，开卷裁窥竦发毛。范墨韩文传不朽，首阳风节转孤高。戊申后三十有七日，许昌郡斋中题，平阳文彦博宽夫①。

---

① 文彦博（1006～1097）：字宽夫。宋汾州介休（今属山西介休）人。天圣五年（1027）进士及第。累官同中书门下平章事。封"潞国公，卒谥"忠烈"。有《潞公集》14 卷、《补集》1 卷。

　　□夷清韩颂古皆无，更得高平小楷书。旧相嘉篇题卷后，苏家能事复何如。壬辰岁正月，才翁按蔡，富弼题①。

　　□青州资政寄示小楷《伯夷颂》，许昌相公以诗跋尾，因作诗谢二公，兼呈永兴观文相公。舜元上②。

　　法书遥逐使车还，嘉句新从相府颁。牢落二贤天地外（孤竹之二贤），风流三绝古今间。台文竞耀高逾丽，化笔交挥老更闲。不用悲吟恐飞去，岂无神物护重关。

　　□转运度支得青州资政黄素书韩吏部《伯夷颂》，许昌相公以诗跋尾，遂为七言，因而寄及。谨用拙篇纪咏。殊上③。

　　首阳垂范远，吏部属辞深。

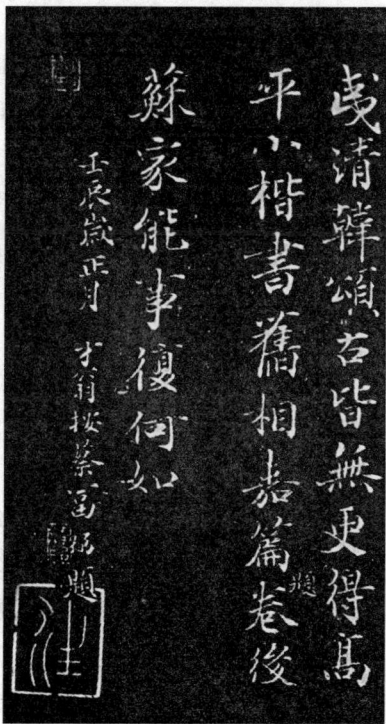

富弼为范仲淹手书
《伯夷颂》题诗

染翰著嘉尚，系言光德音。襃崇亘千祀，精妙极双金。题咏益珍秘，用昭贤彦心。

　　□远蒙运使度支以资政范公所寄黄素小字韩文公《伯夷颂》，请许昌文公、淮西富公题诗于后，才翁复缀雅什，兼寄长安晏公，公亦有作。衍久兹休退，人事仅废，不意雅故未移，悉以副本为贶，俾愚

　　① 富弼（1004～1083）：字彦国，宋河南洛阳人，至和中拜同中书门下平章事，与文彦博并相。后封郑国公，又进韩国公致仕。有《富郑公诗集》《秦议》12卷、《安边策》等。

　　② 苏舜元（1006～1054）：字子翁，一作才翁，宋梓州铜山（今四川三台）人。官至尚书度支员外郎、三司度支判官。善草、隶书，著有诗集1卷。

　　③ 晏殊（991～1055）：字同叔，宋抚州临川（今属江西）人。累官同中书门下平章事。范仲淹、孔道辅、欧阳修等皆出其门。卒谥"元献"。有《类要》《珠玉词》等。

继之。对此怔忪，既感且愧，辄尔牵强课成拙句奉呈。敢言亦骥之乘，聊为续貂之比耳。衍上①。

希文健笔钞韩文，文为首阳山下人。宁止一言旌义士，欲教万古劝忠臣。颂声益与英声远，事迹还随墨迹新。当世宗工复题咏，尤宜率土尽书绅。

□壬辰岁孟春月，使车按部获一观焉。执中题②。

□范希文好谈古贤人节义，老而弥笃。书此颂时，年六十有三矣。

癸巳岁夏四月，昌朝题③。

□此书皆谤毁，艰难者读之，益以自信，故退之、希文尤殷勤耳。

治平二年五月六日，襄题④。

□览才翁家希文手笔《伯夷颂》，辄书短篇与纸尾。

熙宁庚戌岁初伏日，颍川韩绛子华题⑤。

高贤忠义古今同，手笔遗篇法甚工。宝轴传家当不朽，追怀余思凛生风。

□许昌题后及今二纪，乃熙宁甲寅之岁仲冬中浣之日。念往怀贤，不觉恨恨。伊川逸老再题⑥。

① 杜衍（978~1057）：字世昌，宋越州山阴（今浙江绍兴）人。大中祥符进士，仁宗时拜枢密使，与范仲淹、富弼、韩琦等共事。为相百日而罢，以太子少师致士，封祁国公。卒谥"正献"。

② 何执中（1043~1116）：字伯通，北宋龙泉（今浙江省龙泉县）人。进士，北宋大臣。

③ 贾昌朝（997~1065）：字子明，宋真定（今河北正定）获鹿人。天禧初进士，庆历中拜同中书门下平章事。后封魏国公、卒谥"文元"。有《群经音辨》及奏议、文集百余卷。

④ 蔡襄（1012~1067）：字君谟，宋兴化仙游（今属福建）人。天圣进士，累官知谏院、直史馆，曾以龙图阁直学士知开封府。善书。卒谥"忠惠"。有《蔡忠惠集》等。

⑤ 韩绛（1012~1088）：字子华，开封雍丘（今河南杞杞县）人。举进士甲科，经韩琦荐，拜枢密副使，寻参知政事。后，代王安石为相，封康国公。卒谥"献肃"。

⑥ 伊川逸老：文彦博自称。

□番阳刘定、金陵陈祐甫同观①。

元丰四年三月廿八日。

□颖昌韩缜玉汝屡尝观之②。元丰甲子岁仲秋社日，又从安国借看，西府东厅书。

□皇祐三年侍行于青社时，先公书此颂以寄京西转运使苏公。今再见手泽，不胜悲慕。元祐三年六月七日，嗣子、守尚书右仆射兼中书侍郎纯仁谨题③。

□崇宁五年，纯粹得见先公、先兄遗墨于颖昌，伏读久之，涕落纸上。

七月八日谨题④。

□范文正高风，表表文采云，为天下后世之仰服，盖不独其书也。此卷皆元老真儒翰墨，使人悚然钦赏。政和四年正月六日，濮阳李孝彦跋⑤。

□高贤邈已远，凛凛生气存。韩范不时有，此心谁与论。

绍兴甲寅八月望，建康秦桧谨题⑥。

□伯夷古贤人，昌黎追作颂。文正小楷书，尊仰世所共。李侯吾故人，收藏万金重。适来尹平江，范氏暂陪从。一日拜祠下，归诸子孙用。三贤固自佳，侯德亦堪诵。再拜书五言，心芗办清供。

---

① 刘定：字子先，鄱阳（今江西波阳）人。仁宗皇祐五年（1053）进士，神宗熙宁七年（1074），充秦凤路转运判官。元丰二年（1079），权发遣河北西路提点刑狱，改河北东路。哲宗元祐三年（1088），知临江军，改陈州、青州。元符二年（1099）知庐州。陈祐甫：为曾布的儿女亲家，其子陈迪是曾布的女婿。

② 韩缜（1019～1097）：字玉汝，灵寿（今属河北）人，后迁雍邱（今河南杞县）。仁宗庆历二年（1042）进士。神宗朝，累知枢密院事。哲宗时拜尚书右仆射兼中书侍郎。以太子太保致仕。卒谥"庄敏"。

③ 范纯仁（1027～1101）：字尧夫，仲淹次子。皇祐元年进士，历官吏部尚书，尚书右仆射兼中书侍郎。有《范忠宣公集》二十卷存世。

④ 范纯粹（1046～1117）：字德孺。仲淹第四子。神宗元丰五年（1082）权陕西路转运判官。八年，为京东路转运使，知庆州。徽宗时以徽猷阁待制致仕。政和七年卒。

⑤ 李孝彦：河南濮阳人。

⑥ 秦桧（1090～1155）：字会之。江宁（今江苏南京）人。政和间登第，绍兴间为相，主议和，性阴险，诛良将。宁宗时追夺王爵，改谥"缪丑"。

大德己亥四月十五日，曹南马绍书于平江旅次舟中①。

□皇祐三年十有一月，文正范公在青社用黄素小楷书韩子《伯夷颂》，遗京西转运使苏公舜元。盖天下万世大纲常、大议论，扶植天地不可一日以无者。昔文王三分天下有其二，以服事殷。伯夷固知其将终身西伯，故辟纣而归之，其心岂遂忘殷哉？一旦武王之师载木主而以王号于其众，非文王意也，兄弟奋然以身为天下万世争纲常，继之以死。其事诚卓绝，然人乃或非之。至孔子时，犹有以为怨者，而孔子独曰：求仁得仁，又何怨？至唐时，犹有以为偏而不通者，而韩子独曰：伯夷者，特立独行，穷天地，亘万世而不顾。韩子之言上继孔子，而公乎天下万世，有功于纲常甚大。时无韩子，议论废，则纲常泯。吾为此惧，而幸获睹范公之所书。义士仁人，壮颜毅色，凛在心目间。使顽者懦者一见，且泚汗破胆，知畏议论，是范公亦与有功于纲常也。公平生自许忠义，前后缘论谏得罪，至被以诬谤，目以朋党，摈斥远外，而公信道之笃，踬而愈奋，老而愈历。《伯夷颂》固其中素所蓄积者。呜呼！皇祐盛明时，公之书此，犹义形于色。设不幸处纲常之变，当何如？若公者，真可畏而仰哉。大兴李侯戥丁丑岁得此本于燕，竭来守姑苏，偕济南陈君祥、汴梁焦君德明首谒公祠下，访问其子孙，而以畀之。尊贤尚义有如此。公之孙邦瑞、士贵敬受而藏，不啻拱璧。始其家尝以摹本刻于义庄岁寒堂。至是，乃得真迹于二百四十八年之后，若有神物护持，以待其子孙而后付，殆非偶然。二君议勒石，传不朽，而邦瑞主宗祀，顾我于雪上道颠末，俾一刻。晏元献、杜正献、文忠烈、富文忠、蔡忠惠诸贤与公忠义相期，各有题赋；而苏公词翰气概又公所重，宜并刻于后。若昌朝、执中辈虽素有抵牾，亦不以人废焉。抑予观忠宣公兄弟，有感手泽，言泯意外，志念深矣，尤后人所当取节。二君皆有典刑，文学能亢，其宗族党所共推尚，帅其族之人与其子弟，谨守此宝，图继前志，用衍忠义之传，其永永无斁。

---

① 马绍（？~1300）：字子卿，元济州金乡人。以荐授左右都事，至元中累拜参知政事。工文，有诗文数百篇传世。

大德庚子二月初吉，陵阳牟巘书①。

□长白山中名相出，首阳山下若人贤。古今如此能多少？岁月相望越二千。遗墨来从新画戟，故家复取旧青毡。伟哉君子无穷泽，留得余芳奕世传。

嘉兴张伯淳谨题②。

□班固人表吾尝疑，第一武王二伯夷。我谓伯夷可第一，武未尽美宜二之。退之第一唐文人，希文第一宋辅臣。韩为夷颂范为写，三绝谁敪十袭珍。星奎运余三百年，皇祐庆历诸钜贤。逮至渡江乾淳后，珠题玉跋盈长编。范适衮衮饶公侯，幽州梧州至苏州。行军元昊惊破胆，义庄睦族春复秋。子子孙孙居吴中，指李后人今黄龚。锦囊偶贮此三绝，燕香夜寒吐长虹。衮衣绣衣观且夸，故国乔木兴咨嗟。大尹不吝归赵璧，祠以少牢复其家。提学翰林索我诗，肯捐此宝真复奇。授者良难受者易，即此可刊遗爱碑。

大德庚子上丁之明日，紫阳方回万里③。

□企清风兮，薇山之阳；宝芳帖兮，薇露之香。意人世不可久留兮，雷霆下而取将；幸邺侯之巾袭兮，俨墨迹之未亡。把一麾而东来兮，文正之乡。乔木苍苍兮，兰菲菲其弥芳。嘉先生之有后兮，伟德泽之长。出此帖而归之兮，甚魏笏之辉煌。时不可再得，勉世世兮珍藏。

天台柯谦④。

□小楷青州三绝碑，复还范氏事尤奇。不知百世闻风者，更有何

① 牟巘（1227～1311）：字献之，又字献甫，元湖州（今属浙江）人。进士，为大理少卿，以忤贾似道去官。入元不仕，闭门36年，称陵阳先生。专研六经，有《陵阳集》二十四卷。

② 张伯淳（1242～1302）：字师道，号养蒙。元嘉兴崇德人。进士，曾监临安府都税院，任观察推官。至元二十三年（1286）授杭州路儒学教授，官至翰林直学士，有《蒙养集》十卷。

③ 方回（1227～1280）：字万里，号虚谷，元徽州歙县（今属安徽）人。南宋景定三年（1262）登第，入元为建德路总管，不久罢。有《湘江集》八卷、《续集》三十七卷等。

④ 柯谦（1251～1319）：字自牧，元台州临海人。元贞初以翰林国史院检阅官予修世祖实录。曾任江浙儒学副提举、绍兴诸暨州判官。长诗文，精鉴别。书法雄健稳秀。

人似伯夷。

古今一理是纲常，范笔韩文妙发扬。公饿首阳元不死，春风岁岁蕨薇香。

钱塘仇远再拜①。

□退之尝作《伯夷颂》，纲常更为文章重。小范老子翰墨香，唤醒首阳千古梦。尔来宇宙三百年，劫灰不坏宁非天。姑苏李侯贤太守，为将手泽归云玄。因忆右军修禊叙，智永藏之固其所。今比萧翼谁贤愚？豪夺何如能乐与。君子与物不留意，好德终然胜好古。剑许徐君自有心，书还孔氏非无故。粟可不食国可辞，较之一纸真毫厘。闻风廉立遽如许，信哉圣人百世师。西山之薇何独美？向微二子一草耳。东海鲁连死犹生，中书冯道生犹死。承平文献传至今，品题先后如盍簪。就中何人合愧死？九锡不是夷齐心。

楚北村民汤炳龙题②。

□逸斋总管相公以所藏文正公书《伯夷颂》归于范氏，怀贤尚德之心，士大夫皆乐道之，为诗若文盈轴，甚盛事也。不揣芜陋，僭赋小诗。

高沙龚璛拜手③。

一时端合拯斯民，万世宁无启不臣。此意圣贤非二致，谁令今古共彝伦。墨胎事远颂声在，青社人抄楷法新。尺素郡侯还范氏，先忧天下亦同仁。

大德庚子二月二十一日，书于义宅之西序。

□吴兴赵孟頫子昂，高邮龚璛子敬同观④。

---

① 仇远（1247～1326）：字仁近，号山村民，元钱塘（今浙江杭州）人。至元中尝为溧阳教授。文学家，有《金渊集》六卷、《山村遗集》一卷。

② 汤炳龙（1241～?）：字子文，山阳（今江苏淮安）人。博学，尤精于《易》。为庆元市舶提举。入元，自号北村老民。有《北村集》，已佚。

③ 龚璛（1266～1331）：一作肃，字子敬，元吴县人（高沙，又称高邮，龚璛后移居吴县，所以多处题跋书居地不一）。少为宪使，后充和靖、学道两书院山长，以江浙儒学副提举致仕。工诗文，擅书法，有晋唐人法度。有《存梅斋稿》（有本"梅"作"悔"）、《补遗》各一卷。

④ 赵孟頫（1254～1322），字子昂，自号松雪道人，元湖州人。以父荫补官，入元以荐授兵部侍郎，延佑中累拜翰林学士，以书法称雄一时。卒谥"文敏"。有《尚书注》《琴原》《松雪斋集》等。

□先哲吾师表，斯文古鼎铭。义形扣马谏，书胜换鹅经。故事徵皇祐，乡祠谒仲丁。登堂睹遗墨，山雨飒英灵。心田垂世远，手泽历年殊。谁购山阴序，真还合浦珠。身惟名不朽，书与道同符。诸老珍题在，犹堪立懦夫。

蜀后学邓文原顿首①。

□海滨二老本同归，末路殊途孰是非。叩马匆匆扶义士，怜渠未识首阳薇。

韩辞范笔照千龄，扶植纲常似六经。日月争光宜下拜，莫将此眼对兰亭。

眉山史孝祥②。

□豫章先生集有此帖，跋云：范文正公书《伯夷颂》，极得前人笔意，盖正书易为俗，而小楷难于清劲有精神。如斯人，不必以书立名于来世，然翰墨乃工如此，盖喜多能，虽大贤不免焉。志仁伏读诸名公所题大篇短章，于伯夷之清风、昌黎之伟词、文正公之宝墨、贤侯归帖之美闻、孙承家之懿藻，绘尽矣，尚何辞之措？敬书山谷此跋以补阙遗。又山谷尝跋公真迹云：范文正公书落笔痛快沉著，极近晋宋人书法。时苏才翁笔法妙天下，不肯一世。人惟称文正公书与《乐毅论》同法。老年观此书，乃知用笔实处是其最工，想其钩指回腕皆优入古人法度中。此跋首述才翁所云于写《伯夷颂》亦相关涉，因牵联书，以归之竹趣先生。

晚学清江罗志仁拜手③。

□文正公所以师表百世者，固不在书，固然笔法之妙，自足追媲古人。故苏公号称能书者，亦从公求之，以为珍玩焉。书此颂时，已六十有三，距公薨时一年耳（仅半年——笔者注）。而楷法谨严，一

----

① 邓文原：字善之，一字匪石，人称邓巴西、素履先生，绵州（今四川绵阳）人，迁寓浙江杭州。因绵州古属巴西郡，人称邓文原为"邓巴西"。历官江江苏儒学提举、江南浙西道肃政廉访司事、集贤直学士兼翰国子监祭酒、翰林侍讲学士，卒谥"文肃"。其政绩卓著，为一代廉史，《元史》有传。著述有《巴西文集》《内制集》《素履斋稿》等。擅行、草书。传世书迹有《临急就章卷》等。
② 史孝祥，南宋四川眉山人，史绳祖之子。
③ 罗志仁：字寿可，号秋壶，清江（今江西樟树西南）人。元世祖至元二十年（1287）应荐为天长书院山长。清同治《清江县志》卷八有传。

笔不苟如此，真可敬而仰哉。夫书虽细事，而最足以观人。公书如是，中之所存可知已。同时如文、富、韩、欧诸公，书之工拙虽或不同，而其浑厚端庄则亡以异。此四五公者坐庙堂，邦其有弗刈，俗其有弗醇者乎？世称王荆公书如斜风急雨，其胸中躁扰可以想见。一旦当国，遂尽取成宪而纷更之，天下骚然，而风俗亦一变而趋于薄矣。厥后温公复古而国再安，章蔡崇新而世遂乱。其正与邪皆莫逃于笔墨之间，益信心画之说不诬。然究其大归，则熙宁以前之书多重厚而少轻浮，熙宁以后之书多轻浮而少重厚，兹盖世道之所以升降者。予尝从故家尽得宋南渡前墨迹观之，而窃为之说如此，故并识之，俾来者有考焉。

大德庚子六月乙巳朔，陵阳牟应龙敬书①。

□文正公为苏舜元书《伯夷颂》，名公题赞甚富。二百年间，不知凡几传，至于贾秋壑。宋亡，北流于燕，逸斋李侯时为部侍郎，得之宝藏文府。大德戊戌，侯自两淮都转运使来守是邦，谒公祠下，求公之后人以与之。侯盛德也。衍奉檄来姑苏理海舟之狱，范氏之族长竹趣先生出示，幸获观焉。

大德庚子秋七月，小子李衍再拜谨识②。

□文正范公细书昌黎公《伯夷颂》石刻，在建业玉鳞堂，墨迹流传，大德己亥复归于范氏。庚子岁九月过吴中获观，拜手敬赞，余杭盛彪③。

百世之师，维孤竹氏。六经之文，维子韩子。不有斯文，孰绘厥媺。维高平公，高山仰止。素书铦锋，羲献是似。匪翰匪墨，为纲为纪。去珠斯还，良玉不毁。有物护持，复归于是。庶几宝之，有永千祀。

□夷齐之论，至夫子而定，或谓得夫子而名益彰。二子求仁得

① 牟应龙（1247～1324）：字伯成，吴兴（今属浙江）人。宋咸淳进士，忤贾似道，调定城尉。宋亡不仕，研诸经皆有成就，学者称隆山先生。
② 李衍（1245～1320）：字仲宾，号息斋道人，元蓟丘（今北京市）人，称李蓟丘。皇庆元年为吏部尚书，拜集贤殿大学士。追封蓟国公，谥"文简"。善竹，初师王庭筠，继师文同。
③ 盛彪：字虎林，宋末元初人。书法善楷，传世绝少，或为孤品。

仁，名之彰与否，不暇为身后计也。退之之颂，贤于司马迁附青云之见远矣。按：文正公在青社，皇祐三年十一月书此，未几以病请汝阴，明年五月薨于徐。其平生特立独行之志，夷险一节，老且死不变，而见于心画者如此，与守桐庐日祀严子陵祠同意，清风凛乎其相劘也。时文潞公罢相知许昌，杜祁公为贾昌朝所抑致仕去，富郑公淮西，晏元献京兆，诸贤在外，词翰往返，潇洒高洁，语出意表，视夷齐异世同调。所恨者，公方向用而即世矣。后三年，文富并相。使公而无死，天章一疏尽行，岂有熙宁之祸哉？蔡忠惠治平二年五月之题，谓此书皆毁谤，艰难者读之，益以自信。是年，忠惠为三司使给事，以逸出守杭，故云尔。意谓公屡遭摈沮，盖夷齐其行而世或有非之者，遂借此以自见。然公知有直道而行而已，岂自必于夷齐哉？自必于夷齐，亦未免有所利而为之矣。天荒地老，崐玉不烬，宛其复归，与义田并传，君子之泽通乎盈虚之运，幽明之故正不偶然也。片纸三百年承平，硕辅姓字曒曒如日月，见之束衽盘辟。若桧若似道，亦虱其间，使人指画唾骂。然则士不以夷齐自厉，其不为文正公之罪人者几稀？虽然，亦岂愿其为夷齐哉？

大德庚子日长至，长乐郭陞拜手谨书①。

□伯夷之行，昌黎颂之，文正书之，真三绝也。子孙其宝之哉？真定董章②。

□翰墨尝托文章传，文章益重节义全。使无节义照今古，文章翰墨空婵娟。特立独行不顾众，万世标准权亦用。吏部雄文破鬼胆，为渠唤醒西山梦。范公相望余千龄，人物自与皋夔并。黄素细书《伯夷颂》，白头不草《太玄经》。一字千金价无让，虹光夜彻星斗上。夷清韩颂高平书，再拜莫作文翰想。奸臣袭藏犹畏仰，面无生色沘流噪。珠还毡复子孙贤，我信斯文天未丧。佳辞善书常有余，呜呼！节义不可一日无。

---

① 郭陞：字德基，元福州长乐人。太学生，宋亡，居乡教授。
② 董章：河北真定（今正定）人。

致和元年中秋日，金华后学胡助再拜谨书①。

□先正范公，文武忠孝，亲亲仁民之德充周穹壤。是以尺素寸楮，观者敛衽。曹操、王敦、桓温，未尝书不佳也，至今见者唾之。公所书《伯夷颂》流入秦桧、贾似道家，由贾遂没入官。

宋亡，出于燕赵间，复归吴范氏。世所共贵重者有在也。熙宁以来，见者必著姓名，岂欲托以不朽耶？苟不知观感兴起之微求公之心。希公之德徒珍玩是夸，亦秦、贾耳，不几于狎大人乎？凡我同志，相与勉焉。

泰定丙寅七月十九日，天台后学杨敬悳（德）书②。

□古人尚友，以其类也。伯夷之心，惟孔子为能知之。千载而下，惟文正范公有以似之。文正之心，惟朱文公为能知之。千载而下，其亦有似之者乎？呜呼！希矣。

至顺壬申夏五月，宛平曹鉴拜手谨书③。

□文正公以宝元元年赴润，道谒狄梁公庙，为之作记立碑。又十三年，皇祐三年镇青社，用黄素小楷书《伯夷颂》寄苏才翁，盖去公薨半岁耳。于是，公屡以言事忤旨，出殿外服，知其道之莫可行也，将以仰睎古人，而于伯夷之清风、梁公之大节，窃深慕焉。揽公之迹，可以谅公之心矣。所谓百世以俟圣人而不惑者，兹非其征乎？

东阳柳贯谨题④。

□右宋推诚保德功臣、赠太师、中书令、魏国范文正公书唐韩子《伯夷颂》真迹，笔意精严，动合法度，有晋人之遗风。熙宁以后名公题识具存，诚宝玩也。按：公书此颂，遗武功苏舜元，南渡后归秦

---

① 胡助（约1331年前后在世）：字履信，元婺州东阳人。始举茂才，为建康路儒学学录，历美化书院山长、温州儒学教授、翰林国史院维修官、授承信郎。以太常博士致仕。有《纯白斋类稿》二十卷、《附录》二卷。

② 杨敬德（约1318年前后在世）：字仲礼，元临海人。历官应奉翰林文字、泰定中选授浙江儒学提举。工诗。

③ 曹鉴：字克明，元宛平人。既冠，南游，具通五经大义。大德五年，为镇江淮海书院山长。十一年，南行台中丞廉恒辟为掾史。元统元年（1333），以中大夫升礼部尚书。卒封谯郡侯，谥"文穆"。

④ 柳贯（1270～1342）：字道传。元代婺州浦江（今属浙江）人。曾任江山教谕。至正二年（1342）起为翰林待制兼国史院编修官，在官七月而卒。著有《柳待制文集》二十卷。

桧氏，又归贾似道氏。宋亡流入北方，李侯戬得之京师。来守吴，实魏公之乡，因谒公遗像，以其书归其后之人，今藏于范氏义庄，子孙世守之。窃尝谓时有代谢，世有盛衰，至于天理民彝，则越万世而不可泯者，必有人焉。王侯之贵，晋楚之富，死生之大，举不能以动其心，不（康熙岁寒堂刻本《二范集》为"始"字）足与有为也。太史公纂史传，思可以厉节义、维纲常者，许由、务光之论，其事不经，得孤竹之子，遂为数千载人物称首，迁之志念深矣。唐韩子探其微旨，著《伯夷颂》，文正公复得韩子之志，而为之书。盖公屡以忠说不容于时，遭诬摈斥，守道弥笃，所谓不动心以有为者，其在斯人欤？夫圣贤所遭之时虽异，至于厉节义，维纲常，而天理民彝赖之而不泯者，则一而已。故观此书者，莫不兴起书云乎哉。赞曰：于昭民彝，不亿而泯。肃肃元夫，厥德孔纯。弗移弗屈，执中允固。思皇九有，克宁无斁。民不可乏主，我不陨厥清。匪兹元夫，日离乱争。此何人斯？孤竹之子。非其君不事，非其民不使。韩侯作颂，郁郁其章。魏公书之，翼翼其相。死生弗渝，是式是似。旷代同心，惟予与尔。人获遗书，如圭如璠。怀德不替，来归其孙。维魏公子孙，永保勿失。惇我风化，尚胙皇国。

后学柯九思拜手谨书①。

□伏承主奉范君出示先世书诏及文正公手书《伯夷颂》，令集题识。仰惟前贤，争光日月，不敢妄有赞述，辄以鄙句奉谢，用表惓惓景慕之意云耳。

蜀郡虞集顿首②。

□庆历元臣细字书，清风直与伯夷俱。潞韩并识何春应，秦贾争藏实蔑污。神物护持天爱宝，子孙惊喜海还珠。敢以微尘赞乔岳，愿推余论砭顽夫。企仰前贤岁月深，阿衡事业伯夷心。义田犹是当时禄，遗像能令百世钦。窃颂诗书求仿佛，默嗟人物转销沉。谁人浪漫矜家世，看取天平万石林。

---

① 柯九思（1290~1343）：字敬仲，号丹丘生。元代著名书画家，台州（今浙江临海）人。官至奎章阁特授学士院鉴书博士。有《任斋诗集》四卷，存世二卷。

② 虞集（1272~1348）：字伯生，号道园。祖籍仁寿（今四川仁寿）。历官大都路儒学教授、集贤修撰、翰林直学士兼国子祭酒。

敬题

文正公所书《伯夷颂》卷尾。

长沙汤弥昌顿首再拜①。

□颂文遥附青云传，楷法独推黄素书。百世清风元不泯，两公高志更谁如？珠遗旧入权臣橐，璧返今逢刺史车。一卷宝藏同魏笏，虹光清夜烛寒虚。

文正千年士，精忠凛不亡。勋名山岳重，翰墨日星光。乔木参天古，幽兰叠砌芳。我来拜祠下，端欲濯沧浪。

高昌偰玉立再拜②。

□孤竹身为百世师，范公手染退之辞。不知青社挥毫日，得似天章论道时。

铁画银钩黄素帖，珠还璧返岁寒堂。须知此事关风教，子子孙孙盍宝藏。

吴后学干文传再拜③。

□青青首阳薇，皎皎孤竹子。求仁亦何怨？清风千万祀。昌黎述玄圣，雄文剧颂美。伟哉青社书，感激有深旨。列宿丽寒旻，群鸿戏秋水。李侯信卓荦，不惜百金市。分符守吴会，开缄授云耳。故物传卫公，遗璧归孔氏。一玩三叹息，当思继前轨。

元统乙亥三月壬寅，新安汪泽民再拜④。

□古之君子之于学也，至于成己成物，其于天下国家则曰功成治定。所谓言之必可行也，行之必可言也。盖物格知至，而至于国，治天下平者如此，非苟以为言而已。世之君子何其言之详，而卒不见其成功耶？若文正范公，则所谓能言之而能行之者也。观其所书韩子

---

① 汤弥昌：字师言，号碧山，元浏阳人。由山教谕历瑞安州判官。笃学，以文名，有《周礼解义》《碧山类稿》等。

② 偰玉立：字世玉。祖回纥族，居住在偰辇河上，因以偰姓。偰玉立初任翰林院待制兼国史院编修。又任泉州路达鲁花赤。

③ 干文传（约1320年前后在世）：字寿道，江苏平江（今苏州）人。元仁宗时进士，延祐四年（1317）知昌国州事。时盐政当局对盐民百盘苛索，不少盐民家破人亡。文传解民之苦。

④ 汪泽民（1273～1355）：字叔志，元婺源州人，祖籍京兆（西安）。延祐五年（1317）进士，为国子司业，与修三史，书成迁集贤直学士，以嘉议大夫、礼部尚书致仕，谥"文节"。有《宛陵遗稿》。

《伯夷颂》，岂特笔墨之妙，其为万世之虑也深矣。

后学京兆杜平敬观①。

□魏国文正范公，在宋朝为名臣称首，当时论者或直以为圣人，或方之以夔禼，岂泛然而为之言哉？观魏国出处，始终大节合乎道。其丰功盛德焕乎简册，若日月之不可掩，山岳之不可齐，与天地相为悠久。其穷理尽性以至于命者，与今观魏国所书《伯夷颂》笔法，森严直可与黄庭乐毅等书相颉颃。是则，魏公非特于德行功业超然杰出，其于书法亦造乎其极者也！尤见公切切于纲常世教，未尝一日而忘也。披玩再三，令人敛衽起敬。

至元三年后丁丑岁秋九月望，后学泰不华谨书②。

□首阳高节，退之颂之，吏部文章，文正书之，时称为三绝，赵宋诸贤及有元之材大夫士题咏之不少置。其八世孙静翁装潢而珍袭之，求名笔以发其光华，信可宝已。余尝私窃论之：伯夷以特立独行之节，不待退之颂之而可显，惟得退之颂之，则其节为益显。吏部以日光玉洁之文，不待文正书之而可传，惟得文正书之，则其文为益传。故伯夷之节，唯知适于义而已，初不计后之颂与否也。退之之颂，深以为乱臣贼子不守名节者之戒，初不计后之书与否也。三者无心会而为一，虹光渥彩，昭如日星之垂天，使世之乱臣贼子，未为者而观此书此颂，则神骇心悸，而不敢肆其恶；已为者而观此书此颂，则胆落魄丧而无所逃其罪，其有功于世教大矣。且文正以清才茂行为时名臣先哲称，其事业满边陲，忠义满朝廷，声名满天下，则字画乃其余事，然犹庄楷遒丽，过人如此，真赵宋第一流人物也。余适以事过吴，伏谒祠下，静翁持成卷示余，故欣然书之，以俟夫知言者得焉。

---

① 杜本（1276~1350）：字伯原，元清江人，号清碧，称清碧先生。累召不仕，惠宗时召为翰林学士，复称疾固辞。有《清江碧嶂集》一卷。

② 泰不华（1304~1352）：字兼善，原名达普化，元文宗赐名泰不华，随父定居临海。至治元年（1321），赐进士及第，授集贤殿修撰，累迁至礼部侍郎。著有《顾北集》，重编《复古编》。善篆隶，自成一家。《元史》有传。

蓟丘韩璵（载）拜①。

□《伯夷颂》首云：士之特立独行，适于义而已，不顾人之是非，皆豪杰之士，信道笃而自知明者也。此数语已足尽伯夷之心。文正公亲书此颂，匪惟知之，亦允蹈之。观其立身大节，亦不顾人之是非，信道笃而自知明者，岂非豪杰之士哉？其裔孙静翁先生恬愉乐道，独能保有斯文而珍藏之。观此者，千载清风俱凛然矣。

后学永嘉郑僖再拜书②。

□范文正公所书《伯夷颂》，后有秦会之太师、贾师宪太傅两人图记。宋南渡后，此卷必流落江左而尝入其家，至李侯裁得之于燕，则宋亡之明年也。范氏所居近在吴中，两人不能举而归之，卒有待于李侯，而公之子孙乃获敬受宝藏焉。岂偶然哉？盖自西方兵寝不用公，归而均逸外藩，因得以暇日游心于艺事。才翁善书，而深服公楷法之妙，求公写《乾卦》，而公以字数多，眼力不逮故，为写此颂。卷末第云书法亦要切磋，未是处，无惜赐教而已。后来一二大老又推广其说，谓公此书，实为天下万世纲常计，至哉言乎！不容复赞一辞也。

至正七年春正月甲子，后学黄溍敬观③。

□韩文称颂伯夷贤，黄素真书庆历年。月照明珠还合浦，春风长共义庄田。至正甲申六月辛未。

燕山笃列图再拜④。

□名并日星真细事，义参天地在彝伦。寥寥千古空遗迹，薇满西山意自春。

伯夷清节韩公颂，范老银钩韩子传。屋辟遗书还孔氏，谁人得似使君贤。

---

① 韩璵：《秘书监志》卷九有载。字廷玉，或庭玉。元代蓟丘人，赐进士出身。

② 郑僖：字熙之，元吴郡人。山水学董源，墨竹禽鸟法赵孟頫，善书。

③ 黄溍（1277～1357）：字晋卿，元婺州义乌（今浙江义乌）人。延佑进士，累擢侍讲学士，知制诰，同修国史。卒谥"文献"。有《黄文献公集》十卷、《义乌志》等。

④ 笃列图（1312～1348）：字敬夫，又彦诚。父忠武侯守信州，始移居永丰。少时聪敏过人，应策试取为蒙古榜进士第一，任南台御史，整饬吏治，奸邪畏伏。

永康胡长儒拜书①。

□宋范文正公书唐韩文公殷《伯夷颂》，想其清风劲节、德行文章，真希世之三绝也。元初，平江太守李侯戡得之中原，归之范氏子孙，可谓剑出丰城，珠还合浦。李侯其亦仁人之心欤。展玩之顷，顿觉忠义之气凛然在天地间，令人毛发竦立。宋朝十相景仰之忱，蔼然见于言辞之表。秦、贾二公犹加企敬而珍藏之，度其心，宁无所愧？明兵至，义庄祠宇俱为灰烬，此卷同罹此患，觊必不存。大宗孙廷珍、十世孙天倪复觐之于军寨中。呜呼！公之灵在天，天祐其忠，俾公之手泽不泯于世，是知公之遗泽未艾也。雍生二百载后而获观览，犹青天白日睹景星凤凰，快平生之心目也。

河东后学王雍拜书②。

□文正公文章政事载诸简册者，窃尝观诵感仰。至于遗墨，罕获见焉。癸未秋，予督饷至东吴，憩公书院，其十代孙天倪持公手泽一轴示予，盥手拜阅，且羡且慄，何也？盖所书者非他文，乃韩吏部《伯夷颂》。伯夷特立独行，圣之清者也，后世孰加焉？公书其颂，所以寓微者深矣。矧公之书法遒劲严整，妙绝前代，而予也敢不起敬起慕。

永乐癸未仲秋，资善大夫、户部尚书夏原吉拜手书于姑苏文正书院③。

□右魏国文正公书韩昌黎《伯夷颂》一通，笔意精妙，清古入神，虽锺王颜柳不过也。余闻书艺也，君子贵之，艺之美也。况大贤之手泽传于后，与世俱存。公之在盛宋而其名天下重之，不特文章翰墨也。而学问渊源、立朝大节，世未必尽知之。当时公之书与苏才翁，范氏子孙复得而珍惜之。十一世孙、主奉元理出以相示，余生也晚，恭睹遗墨，肃然起敬，悚然汗下，凛然如公之在前也，其真有感

① 胡长儒：元代永康人，字汲仲，通九经。宋代藏福宁州副职。宋亡，退栖山中。至元中被荐扬州教授，转宁海主簿，延祐初称病不复仕。

② 王雍：晋宁（今山西临汾）人。至正二十三年（1363）松江府知府。

③ 夏原吉（1366~1430）：字维哲，湖南湘阴（今汨罗市归义街）人。其先为江西德兴人。明初以乡荐入太学，明太祖任户部主事。后升户部侍郎、尚书，宣宗时入阁。卒谥"忠靖"。有《夏忠靖集》六卷。"资善大夫"，文散官名，元置，清废。

发也夫，其真有兴起也夫？

时宣德戊申仲春上浣，奉政大夫、户部郎中、零陵刘良拜手谨书①。

□伯夷，圣之清者也，韩昌黎颂之，范文正书之。颂之者固尚其节义之清，书之者亦尚其节义之清。书之以遗苏才翁，岂惟欲尚书法之古，亦欲其尚节义之清也。是书也，曾几何年复归范氏，非世有贤子孙，恶能珍藏之若是耶？巡按刘同年葺文正祠堂，偕余往观焉。顷见主奉从规能善言厥祖，不谓之贤矣乎？且见其二子，其幼者歧嶷不凡，而知范氏又将有兴者矣。然则公之遗墨不亦留芳于千古不磨者乎？

成化辛丑秋八月八日，句曲戴仁敬题②。

□拜观是卷，以韩、富诸公之词翰，以秦、贾二人之图书，一善一恶，而劝戒具焉。有志者得不凛然而敬慕，惕然而警惧焉乎？

岁成化甲辰二月朔旦，天台杨泽书③。

□亚评订宋之名臣，谓范希文质性气局可比伊尹。当有真知亚者信斯言矣。兹拜观所书《伯夷颂》，因用识此。

成化甲辰九月，兰亭司马亚书于鹤山书院④。

□弘治元年夏四月廿四日，掌宗人府事、驸马都尉、相人周景同兄、苏州府同知周冕拜观⑤。

□题范文正公手书《伯夷颂》后范文正公之学，莫知其师承，然每有所事知要，而不泛得圣门遗法。如在韩文中独取《伯夷颂》书之，隐然立懦廉贪之志，与先忧后乐之语如出一辙。其余小者，若弹

① 刘良：刘素子，能书，授中书舍人。有《存徽续集》《客座赘语》。
② 戴仁：明云南太和人，自号无淮先生。成化中知镇远府，后为松茂兵备。归不治第，卒日家无余资。
③ 杨泽：明代即墨人。成化四年（1468）贡生，曾任武邑知县。游崂山时留有《上苑》《黄石宫》等诗。《上苑》诗镌刻于崂山太平宫门前路南巨石上。
④ 司马亚：字通伯，明浙江山阴（今绍兴）人。成化进士，累官福建副使，寻乞归。有《兰亭集》。
⑤ 周冕（？～1567），官叔敬，资中人，明世宗嘉靖二十年（1541）进士，授太常博士。奉旨使晋，藩王赠以重金，周冕坚辞不受。忤严嵩，入狱，大义凛然，视死如归，直声震天下。他被削职为民。穆宗登基，起用为太仆少卿。未赴任，不久去世。周景：冕兄，驸马都尉。

琴止记《履霜》一曲；大者，若摘《中庸》于《经》《礼》中，授横渠张子，尤秦汉以来未有也。然则，学不知要，而欲大有所立于天下后世，乌见其可哉！走过姑苏，晋谒祠下，缅仰风烈，不胜怀思。既谒之明日，公嗣孙从规携此颂真迹至舟中，得拜观焉。窃附鄙意。

弘治六年，岁次癸丑春二月二十七日，新安后学程敏政谨志①。

（根据《范学研究》2009年6期王立玉文章载记）

□西望天平万石林，凛然生气到于今。名文有托幽光显，余事能传楷法深。义士若微真接迹，高贤虽有莫论心。岁寒堂里千年物，敢作寻常翰墨临。

先正范魏公楷书韩子《伯夷颂》，宋元以来题咏甚多，然奸桧亦厕其间，有"韩范不时有，此心谁与论"之句，是可笑也。旧尝获观此卷，今再从公裔孙从规主奉借观，焚香再拜，谨题其后。

乡后生吴宽②。

□右宋范文正公书唐韩文公《伯夷颂》，以贻京西转运使苏舜元。苏之后，不知何代失之，而毕竟归于文正公之子孙，岂偶然哉？今其嗣孙从规持以示予，且请题。古今人题咏多矣，予何容赘嗟。夫文正公，宋名臣也，道德功业，烺烺炳炳，当以三代以上人物论之。其片纸只字流落人间者，虽三尺之童，皆知宝之，况其子孙乎？噫！先天下之忧而忧，后天下之乐而乐，安得复见斯人耶？高山仰止，景行行止，又当于书法之外求之。若桧与似道，乃宋之贼臣，公视之宜不啻犬彘，其墨迹岂可厕于其间？当削去，勿为此卷之污。

大明弘治乙卯岁春二月之吉，后学淳安徐贯谨识③。

□此卷首乃宋魏国范文正公遗墨也，后世珍袭或咏叹之，无间善恶，岂真所谓柳骨、颜筋而作祖书法耶？抑惟其人而已矣？况其所书

---

① 程敏政（1445～1499）：字克勤，明休宁人。成化二年进士，孝宗时擢少詹侍讲学士，官至礼部侍郎。有《篁墩集》《宋遗民录》等。

② 吴宽（1435～1504）：字原博，号匏庵，又号玉延亭主，长洲（今江苏吴县）人。明成化年间状元，官至礼部尚书。工行书，传世书迹尚多。卒追封太子太保，谥"文定"。

③ 徐贯（约1470年前后在世）：字元一，明淳安人。天顺元年进士，官至兵部尚书。卒谥"康懿"。有《徐康懿公馀力稿》12卷。

又韩昌黎之文颂伯夷之清哉？于乎观其书而究其心，诵其文而论其世，千载之下，流风犹袭人襟怀。范氏子姓其永宝之勿替。贱子以弘治丁巳来按吴，谒公祠，而主奉汝舆出此卷徵题，遂忘其僭陋而赘此于末简云。

长至日，古闽王鼎书于苏台之冰玉堂①。

□君臣大经，犹天高地下，非可以人力移易者。是以武王八百国精兵，可以灭商家六百年社稷，而不可灭二子扶植纲常、违众自是之论。观吾夫子谓武未尽善，可见矣。世降战国，生民涂炭已极，孟轲氏始以仁义之师讽喻当时，盖不得已而救世之大权耳。后世以争战定天下，往往援以自济，遂至篡窃相仍。众亦视以为常，不复以为变，二子之论几灭。此昌黎韩公又违众自是，特为之颂。文正范公又违众自是，特为之书。今考韩公入淮蔡，范公在西夏，君臣之义，死生以之，是二公者，附美于二子，不止于颂与书也。二公既远，颂与书存，范氏子孙世守若大训。然得之复失，失之复得，若有以冥护之者。人得而阅之，如商彝周鼎，大为奇遇，辄有题识，用从不朽，是又欲附美于公者也。呜呼！附公之美谓可止于斯耶？

正德年壬申三月朔日，赐进士、吴县知县、山阴胡文静题②。

□文正公笔迹之重，人也。观者辄有题跋，以识景仰之私，且欲托名于不朽耳。桧，何人斯？亦有咏焉。斯亦可见秉彝好德之心，无间于忠佞矣。呜呼！韩范之不同时，于桧亦幸耳，使不幸而同焉，抑岂为桧所容哉？桧为此言，又将举天下后世而欺之矣。愚欲其子孙割去之，使无污此卷可也。虽然若桧者，世亦有之，毁程朱之道，以立异议庙祀之礼以阿世，得无似耶？范氏之象贤者其韬此卷，使无重污哉。

嘉靖乙酉季冬，高安鹤坡朱彦昌书③。

□凤梧以巡抚之暇，谒范文正公书院，捧阅公手书《伯夷颂》真

---

① 王鼎：曾任文安知县，正德九年（1514）重修文安城墙。官至大理少卿。

② 胡文静：明山阴人。进士，正德六年知吴县，后迁御史。

③ 朱彦昌：《青溪眼笔》（上）有记，临川人。有《吊余公》诗联云："十年血战身无暖，一旦唇亡齿亦寒。"下句指友谅。

迹，肃然起敬，因奉次宋诸名公题韵，以致景仰之私云。

范公千载一人豪，小楷精分颖上毛。真迹至今传不朽，泰山北斗并争高。（右次文潞公韵）

首阳特立古今无，韩颂还兼范老书。三绝世间真罕见，商彝周鼎可能如。（右次富郑公韵）

昌黎词尔雅，文正字精深。峻节清风颂，高山流水音。声华尊北斗，词翰重南金。千载神交地，先忧后乐心。（右次晏公殊韵）

青天白日仰希文，自是先朝第一人。西贼胆寒真大将，东垣望重此名臣。青编已载声华旧，黄素犹传手泽新。应有鬼神为拱护，云礽百世尚冠绅。（右次杜公衍韵）

嘉靖丙戌春三月中旬，庐陵陈凤梧谨书于鹤山书院①。

□范文正公手书《伯夷颂》，端雅有好致，第不能作开天章帅、延庆风骨耳。书家者流以为得《乐毅论》遗意，吾不识《乐毅论》，未敢附和。然伯夷圣清与昌黎、高平皆斯道梗梓，不应与翰墨中论轻重也。跋内文、富、晏、杜四名相与文正相伯仲，纯仁昆玉不忝象贤，而君谟、才翁辈皆临池老手，尤可宝爱。别一卷皆元人跋。盖元有平江路李总管者，尝得之以归于范氏子孙，一时诸公高其谊，争为其诗歌题识，其间极多名笔。不佞获一寓目焉，不胜高山仰止之感。乃至秦缪丑欲与韩、范论心，为之失笑。

庚午春日，乡后学王世贞顿首书。

此帖与忠宣公《告身》跋之月余，而其后人主奉者不能守，作余质库中物者十年矣。余闻之，数责其以原价取赎，不得。今年初夏，悉理散帙，分授儿辈，因举此二卷以归主奉，且不准论价。嗟夫！余岂敢以百金市义名，顾满吾甘棠勿剪之愿云耳。为范氏后者，时时念文正之手泽；为他人者，远则念伯夷，近者念李总管，庶几其常为魏公家存有哉。

① 陈凤梧：字文鸣，明江西泰和人。弘治九年（1496）进士，官至右副都御史。著名诗人，"次韵"四人之诗见本书41～42页。

庚辰初夏世贞又题①。

□先文正公手书《伯夷颂》，自李总管戬归吾范氏，迄今将三百年而复得。王大理世贞不索质锾而归之，诚是义事。夫当吾世而为不肖子孙，所质且久而不知其事，何能无罪？因识数语卷尾以归掌守者，并示后人世宝藏焉。倘后有不肖子孙仍以质人，请其人勿与质。质而如王大理之捐锾以还，无益也。即子孙不能赎而竟留不归，或因而货有之，则又为大理君之罪人矣。吾不能保后之子孙而所可信者，好德尚义如大理君，士君子孰无是心乎？

万历庚辰六月，十六世孙、南京太仆寺卿致仕惟一谨识，时年七十有一②。

□曩时，于弇州（误为洲）王先生所获睹先贤范文正公手书《伯夷颂》，字画楷秀，令人肃然起高山之仰。卷后题跋甚富，多名贤擅临池者。即秦缪丑论心一语，不妨并存，以备劝戒。真范氏世宝也。后人弗能守，并忠宣《告身》质弇州库锾，后捐以归范，与李总管先后一辙，称盛德事。万历庚戌，不佞叨贰云间，其主奉者不戒，二卷并元祐间所赐忠宣御诗落拾遗手，诸缙绅谓可同裴丞相失印事处分，虞投水火。不佞窃计，印以用，用讫无所复用，故可缓。得此卷无论用不用，人人共珍，缓将流匿旁邑，无复出理。竟以急追得之，乃知缓急随宜，顾用之何如耳。为识诸卷末，授公十八世孙必溶十袭藏之，毋再落他人手诡，冀李总管、王弇州复遇也。

甬东朱勋谨识③。

□先生曾为吾乡守，遗泽在人，甘棠犹思，矧惟奕世也。百花洲虽复，凌墟而过化，矗屃之石屹屹矣五六百年间。桐乡裔氓得睹手泽，怆然先世之感何如？

① 王世贞（1526～1590）：字元美，号凤洲，弇州山人，明太仓人。嘉靖间进士，累官刑部尚书，明后七子之一。有《弇州山人四部稿》一百七十四卷、《续稿》二百零七卷等。
② 范惟一：字於中，范仲淹十六世孙。进士，历任广东按察司佥事、浙江副使督学政、河南参政等职。以南京太仆寺卿致仕。
③ 朱勋：明代人，曾任靖江知县。

明后学彭而述观于姑苏廿世孙之安柱凤来堂①。

□世有兵火，而古物之遭其劫者，不独名人遗迹。而名人遗迹尤易消毁，其获存于世者，皆神物也。然世存之，而未有子孙世守之者。其世存之，而即为子孙世守之者，则惟范文正公之后而已。文正德业文章为有宋以来第一人，书法其小技也，而为世所宝爱。余从公二十世孙安柱者备观于其凤来堂，并诸名公手跋，洞心刮目，应接不暇。内有《伯夷颂》卷，书独精楷，当时秦、贾二贼皆有题识，故论者恨之。余谓白璧明珠，知其宝者，奚分善恶。古来遗迹不有藏者，何以能存？造化自不得不有所借以护持神物，而与其人原不相掩也。嗟嗟！沧桑递变，一消一息，宇宙间何物长为人有？此之笔墨淋漓，六百年来聚散得失，不知几经人手，独见超然劫外，至今日而范氏之物还归于范家藏无恙，余因幸见先贤典型，斯奇遇矣。

后学王心一谨题②。

□承勋于甲戌岁荷蒙圣恩，自滇黔召总台纲。甫就道，又蒙调制两江。季秋履任金陵，即受命阅视太湖暨吴淞水利，以孟冬抵姑苏。公事既竣，因得谒祀先祠，翌日往天平省视赐庙，不胜水木霜露之感。因念先文肃公平生每心忆东吴，冀一亲到，而缘会未偶，厥志莫遂。先兄忠贞公抚越制闽，三过吴门，数行祭告之礼，又为捐奉葺祠，至今赖弗圮坠，兄之力也。因思我父兄德业事功，几与文正、忠宣争光媲美。承勋无似，虽忝窃是土，其于祖功宗德何能增益毫末，但矢志斤斤，恪守先训，不敢遗羞于我列祖父兄之灵，斯为幸矣。主奉能瀹出文正诸手泽见示，真吾宗世宝也。卷帙零落，因请归署内，命工装潢，新之，还纳祠中，附语卷末，以志岁月，且钤记制篆，以示郑重。俾子孙葆藏，世世勿替，毋再归他氏，庶先泽藉以长存，是所望于吾族之贤后人云。

---

① 彭而述（1605~1665）：字禹峰，明邓州禹山（今邓州市彭桥乡）人。明崇祯十三年（1640）进士，授山西阳曲县令。入清，先后任贵州巡抚、广西参政、广西按察司副使、云南左布政使等职。有《读史亭集》十六卷、文集二十二卷。

② 王心一：字纯甫，号元渚，明吴县人。万历进士，天启间官御史，崇祯时邢部侍郎。工画。

大清康熙岁次乙亥清和月谷旦，两江制使、忠宣房第二十代裔孙承勋谨题，时年五十有五①。

□余再宦游吴，获谒范公祠屡矣。每瞻拜文正、忠宣遗像，令人肃然起敬。今年春，从公十九世孙、主奉能潚得观祠中所藏墨迹九种，其一乃文正公楷书《伯夷颂》贻京西转运使苏公舜元者。文正公为有宋第一流人，固不以书名，而此书谨严有法度，一笔不苟，世之善书者或莫及焉。虞道园有云，仰惟前贤，争光日月，不敢妄有赞述，良然。按跋中文、富、晏、杜四名相，实与文正相伯仲，忠宣昆弟不忝象贤，君谟、才翁及元明诸巨公一一具在，真巨观也。秦缪丑题句欲与韩、范论心，得毋颡有泚耶？此卷南渡后归缪丑，又归贾似道。宋亡，流入北方，元李侯戬得之，因来守吴，举而归之范氏义庄。明神宗时，曾入王弇州质库，后仍归范氏，不取值。未久，主奉者不戒，复失去，为云间贰守朱勋追得，复归祠中。今岿然无恙，信有神物呵护其间也。其余八种，一为唐懿宗赐文正公四世祖柱国诰；一为宋哲宗赐恭献公拜给事中诰，恭献公，纯礼也；一为哲宗赐忠宣公御书；一为文正公与尹师鲁二帖；一为文正公道服赞；一为忠宣公札子；一为忠烈传芳卷，"忠烈"，徽宗赐文正祠额，卷中载诗文甚夥；一为东谿溪书舍卷。《文正与尹师鲁》二帖、《道服赞》皆赝本。东溪为唐以安氏读书处，唐正统间人，因其地邻范祠，卷不知何时归祠中。展阅诸卷，定当以《伯夷颂》为第一。余承乏此地，幸睹鸿宝，敬缀不文之辞与卷末。尚有忠宣诰未及见，在两江制府苏公先生处，先生即忠宣二十世孙也。

康熙丙子花朝后二日，商丘后学宋荦识，男至敬书②。

□文正公忠贞贯日月，事功炳史册，其正书《伯夷颂》，笔力清挺，世所罕构，又有文、富、杜、晏诸公及忠宣昆仲跋尾，聿为巨

---

① 范承勋：字苏公。康熙间累擢云贵总督，寻督两江，官至太子太保。有《通鉴纂注》《鸡足山志》《山美堂诗文奏疏》等。

② 宋荦（1634～1713）：字牧仲，号漫堂，清商丘人。康熙间擢江苏巡抚，官至吏部尚书，加太子少师。诗与王士祯齐名，有《西陂论稿》、《沧浪小志》等。宋至：字山言，荦子。康熙四十二年（1703）翰林，授编修。工行、楷书。

观。康熙庚辰三月廿有六日，舟至中吴，拟拜公祠下，天雨未果。晓过芝兰堂，请观墨本，展阅再四，想见公之丰神，其源流、赞颂，宋元以来众君子言之详矣，士奇后学无文，何敢多述，谨附名卷末，诚为厚幸。

钱塘高士奇拜书①。

芝兰堂为余同年友秋涛读书处，其叔子能濂、孙兴校在家应接，足慰故人之思。是日同观者：顾上舍崧暨余从子不骞。并记。

□雍正十有二年秋九月十九日，瑯琊王澍拜观文正范公《伯夷颂》墨宝于二十世孙安琏之妙香堂，同观者锡山袁生泓②。

□范公所书《伯夷颂》，沧桑递变，手泽犹新，岂非以其人乎？展阅不胜钦慕。

觉罗雅尔哈善同金匮浦起龙敬观③。

□吾吴人物，自言子游后，断推范文正公。言以学道传，范以功业传也，生平文集常留人世间，而手书韩子《伯夷颂》，后裔世守于祠。以伯夷之清节，昌黎之正学，文正之鞠躬尽瘁，若天地正大光明之气萃于三人者，合而一之，可称三绝矣。乾隆甲戌腊月，请于范氏之子孙，启笥拜观。字画端庄秀挺，如其为人，《颂》后有晏元献、富郑公、文潞公、蔡忠惠诸公题咏。递及国朝，凡正人君子景仰前哲者俱题识焉。而中间秦会之桧亦有吟咏，欲与韩、范论心，贾秋壑似道有收藏印记，或谓当割弃之。予意忠奸并列，使阅者当下猛醒，是亦法戒之一。且见彼二奸者，遇天民大人，亦知敬礼珍重，益知正人可为，而正大光明之气不沦没于昏浊之余也。昔范乔之研、魏郑公之

---

① 高士奇（1645～1704?）：字澹人，号瓶庐，清钱塘人。官至礼部侍郎，卒谥"文恪"。著作甚富，有《经进文稿》《天禄识余》《松亭行纪》《春秋地名考略》等。

② 王澍（1668～1743?）：字若霖、林，号虚舟，别号竹云，江苏金坛人。康熙进士，官至吏部员外郎。善楷书，著有《淳化阁贴考正》《古今法贴考》《论书语》《竹云题跋》《虚舟题跋》等。

袁泓：字上简，一字让层，号云书，江苏无锡人。工篆书。

③ 觉罗雅尔哈善：满州镶黄旗人，尹德长子。乾隆初，为御前侍卫。累迁广州将军，授两广总督。寻加太子少傅，移两江总督。后加太子太保。

浦起龙（1679～1747?）：字二田，清江苏金匮（今无锡）人。雍正间进士，曾任苏州府学教授。精于史学，所著《史通通释》，后人推为要著。又著有《读杜心解》。

笏，后人不忘手泽，传为美谈。况文正公手书，视研与笏轻重何如？而敢不倍加珍护乎？此可必之于范氏之贤裔者也。阅毕再拜，仍返之笥。

后学沈德潜谨撰①。

□韩辞范楷伯夷躅，俱是千秋第一流。必自卓标天地节，方堪坐解庙堂忧。富文题者真同道，秦贾当之岂不羞。高义园诚赖有此，勖哉何以继箕裘。

乙酉春南巡，展阅此卷，因题一律，御笔②。

□子孙世世守青山，正气犹存翰墨间。从此应添丁甲护，数行睿藻又新颁。

震世勋名史册中，天平每过仰高风。后来多少留题者，试问何人不愧公。

臣尹继善奉敕敬题③。

□名贤手迹展如新，天笔褒题重大伦。游艺闻风犹感圣，印心易地若交神。摩挲昔诩成三绝，什袭今应驾百珍。奉敕更深垂示意，先忧后乐勖臣邻。

臣庄有恭奉敕敬题④。

□戏鸿曾见拓摹精（此本董其昌曾摹入戏鸿堂帖中），真迹欣披慰景行。俨若思存公所志，穆如风合圣之清。四家北宋谁齐轨（北宋四大家书法虽未及范，然文正德行事业，苏黄且犹不逮，何论襄芾），三绝东方漫擅名（山东陵县有颜真卿大书东方朔像赞碑，昔人目为三绝，谓曼倩滑稽，犹非杰出，此卷庶足当之）。高义珍藏重题品，常留宝墨耀天平。

---

① 沈德潜（1673～1769）：字确士，号归愚，清江苏长洲（今吴县）人。乾隆四年进士，曾任内阁学士兼礼部侍郎。有《古诗源》《竹啸轩诗抄》《归愚诗文抄》等。

② 御笔：为乾隆皇帝所书。清高宗（1711～1799）：爱新觉罗·弘历，世宗四子。清帝，1735～1795年在位。

③ 尹继善（1696～1771）：字元长，满州镶黄旗人。雍正进士，累官文华殿大学士。卒谥"文恪"。

④ 庄有恭（1713～1767）：字容可，号滋圃，清番禺（今广东广州）人。乾隆初廷试第一，授撰修，历任江苏、浙江、福建巡抚。

臣于敏中奉敕敬题①。

　　□乾隆三十年春二月，恭逢圣驾南巡，驻跸于姑苏之灵岩山，命礼部侍郎、臣富德致祭文正祠，钦题先公所书《伯夷颂》，并命督臣尹继善、抚臣庄有恭、户部侍郎臣于敏中赋诗记事。忆先公在皇祐时，言论卓卓，光诸史册，越今七百余年，子孙世守宗祀。我祖我父更为建置祠宇山庄，踵事增华，以期弗替，非甚盛德，孰能臻此哉？宾也奉命来江，已越一载，思识先公之故园，而舒与苏相距千里，以职守所羁，终未获往（展）瞻拜，心甚歉焉。庚寅秋，主奉仪揆来皖，出先公手书，再拜展阅，水源木本之思，偬乎如闻，忾乎如见。惟我皇上冠以御制诗一章，龙章宠锡，睿藻褒扬，崇善黜邪，教忠起孝，不独先公荣被泉壤，实有以破万世奸回之胆，恢弘志士之气。叩诵再三，感激无地，愿我子孙世世宝之，光垂奕祀云耳。

　　乾隆三十五年九月朔日，二十二世裔孙宜宾恭记②。

　　□曩于戏鸿堂帖中见文正公书韩昌黎《伯夷颂》，凛凛忠义之气益然在笔墨间。乾隆戊申秋来守姑苏，范君仪炯出家藏示余，获睹真迹。自文、富、杜、晏四良相跋尾，后代有题者，而桧与似道亦虱其间，论者欲削之，无为此卷污也。余谓不然，即此可见人心之不死，何妨并存之，以昭炯鉴。为题一绝：

　　孤竹风维百世臣，韩文范楷为传真。奸如秦贾犹知宝，可识难逃是大伦。

　　桐城汪志伊谨跋③。

　　□范文正公为有宋理学名臣，功业文章载在史册，彪炳人间，固与日月争光，原不以善书称，而所书亦不多见。季堂奉命按察三吴，至即拜公祠于学宫之侧，申景仰之忱。惟谬膺繁剧，未遑诣义庄一视

　　①　于敏中（1713～1779）：字叔子，号耐圃，清金坛人。乾隆二年（1737）状元，历官文华殿大学士兼户部尚书、文渊阁领阁事。卒谥"文襄"。有（临清纪略）。
　　②　范宜宾：范仲淹二十二世孙，大学士文程后。历御史给事中，累迁太常寺少卿。为安徽布政使、左副都御史、户部尚书。
　　③　汪志伊（1742～1818）：字稼门，安徽桐城人。乾隆三十六年举人，充四库馆校对，授山西灵石知县，迁霍州直隶州知州，累官两湖总督。有《近腐斋集》。

公赡族之良规，心常怦怦焉。越明岁，公廿一代孙、义庄主奉仪挨偕执事、诸生君实等议增义庄规条四则，呈请示禁，并勒之家乘，以垂永久。一禁开采，谓天平、支硎二山，族众多采石觅利；一整饬习气，谓子姓多嚣凌生事；一禁聚食，谓族众每于冬季不遵旧规，支领月米辄食宿庄中，致多糜费；一清理宿债，谓自廿五年至今，积欠四千余金，每年所入，偿债则不能赡族，赡族则不能偿债，愿减俸节费，期渐清理。季堂阅而异之，窃念公创置义田，赡给族人，法良意美，昭示无穷，又得继志诸君子善体先意而培植之，何至今日而有此弊端也？爰先为之示禁开采山石而聚食嚣凌之习气，并严饬焉。独是义田既有岁入租息，何须借项，且至数千之多？若日复一日积累更深，则先贤之义举不至今日而或废乎？是官斯土者急当为之清理也。乃率苏州守孔传炯、吴县令杨宜嵩至义庄拜公遗像，并传集主奉及执事各生详询之。缘乾隆廿五年，义庄祠宇及墓舍多倾圮，前主奉仪照冀图保护，借项兴修，本思节义庄租息偿之。岁入有常，用不可少，一年之后，借本还利，本日增而利日重。初则千余金，积至今应还本利四千六百余金。统计义庄岁入额租银米，支给赡族各项，尚有不敷，借项实无可抵。即如主奉仪挨及执事各生所请自减应得年奉，及节繁费并裁汰聚食一项，岁只得八百余金，不足偿借欠五分之一，而利息仍不能不日增也。因谕杨君必须传示债户，先停其息，再为分年贷还，庶几可乎？杨君固勇果，有为士也，即集各债户剀切晓谕，各债户咸以先贤义举为重，无异说。并又节其岁用可减者一二项，计一岁实得九百余金，将所欠按年分别归还，明立案卷，是节费无妨赡族，而偿债不用他筹，五年之后，宿累一清，义庄之泽，庶可勿替于今也。事竣，主奉仪挨出此卷索题，敬一展阅。自宋迄今，正人君子多跋识于其后，又得宸翰标之于首。诚以善书不足为公重，而公之书为可重耳，永为镇祠之宝，不亦宜乎？至笔力之清挺，此卷之屡失屡得，信有神物呵护。而秦、贾丑类不应存名，前贤已言之详矣，何敢再赘一词。第此番清理宿逋，主奉及各执事咸能仰体先人遗意，而杨君又勇于为义，各债户亦知先贤之义举，是可记也。惟顾主奉及执事各生永保义田，亦如保护此卷之不至弊坏，是则堂之厚望也夫。

乾隆癸巳嘉平中浣，后学光山胡季堂识①。

□是卷为范氏家藏墨宝。云坡先生因清理义庄，其主奉持卷乞题，泰在座，获敬观焉，谨缀名卷末。

时乾隆甲午重阳前一日，元和顾宗泰识②。

□托兴写前文，希贤寄知己。坚持独立心，古人已如此。悬腕见筋骨，引锥画沙似。垂老示劲力，何怯众人毁。诸贤尚同朝，怀哉数君子。遗墨归子孙，清风被闾里。惟演删题名，蔡京书党比。公道存千秋，奸贼自弃耳。新法积祸乱，南渡不可已。世无中兴碑，颜公幸先死。谁采西山薇，文谢殿青史。

甲午九日，铅山蒋士铨在三吴县司官署获观敬题③。

□旧闻范文正公《伯夷颂》，诸贤题跋衍及四朝，为海内墨林巨观，其子孙宝惜，不轻示人。屡过吴中，欲观之，未暇也。今年春，在云坡先生署斋，剪烛焚香设长案，与先生对阅至漏尽三十刻而止。因知其义庄逋负甚多，赖先生为之清厘，并损益旧法，使可世守无弊，而大贤之泽于是益长矣。叹慕久之，欲署一名于楮末，辄泚笔不敢下。顷先生内迁少司寇，铅山蒋定甫太史拿舟来送，先生嘱题一诗，复以命余，乃率书数语于后，亦以庆余之遭也。

乾隆甲午仲秋，山阴平圣台盥手书④。

□圣之清乃伯夷也，小范原为任者流。可识颂书聊寓意，应知记作未忘忧。重看真迹惟增快，世守家声信弗羞。秦贾富文胥鉴赏，今思未足集狐裘。

---

① 胡季堂（1729~1800）：字升夫，号云坡，清光山县人。七岁丧母，由长嫂甘氏抚育成人。季堂初由荫生入仕，授顺天府通判，嘉庆间官至直隶总督。卒谥"庄敏"。

② 顾宗泰：清元和人，字景岳，号星桥。乾隆进士，官高州知府。工诗文，有《月满楼集》。

③ 蒋士铨（1725~1785）：字心余，号清容，清铅山人。乾隆进士、官编修。诗与袁枚、赵翼并称。有《忠雅堂集》《绛云楼填词》九种。

④ 平圣台：字瑶海，号确斋，浙江山阴人。乾隆甲戌进士，改庶吉士，历官广州同知。

庚子仲春下浣御题①。

□工部左侍郎兼镶红旗汉军副都统、臣范时纪谨奏为恭谢天恩事。窃臣二十一世祖、宋臣范仲淹手书唐韩愈《伯夷颂》一篇，数百年来，子孙世守兹者。恭遇皇上南巡，经升任抚臣庄有恭奏呈御览，仰荷赐题，发还奉祀。监生、臣范仪揆叩领：宸章宠锡，九天宣韶护之音；御笔荣褒，尺素焕苞符之彩。洒风云于字里，褒贤及千载以前；吐珠玉于行间，教忠垂万年而下。香花迎供，日月辉光，卷轴收藏，云龙拥护。先蒙谕祭俎豆，忝于宗祠；复荷亲题琬琰，珍为世宝。臣现随清跸，叨沐龙光，谨领族众，泥首叩谢，不胜感切，欢忭之至。臣谨奏。乾隆三十年闰二月初二日。

乾隆四十五年二月二十四日，二十二世孙、刑部笔帖式、臣范宜劻恭录②。

□今皇帝御题宋先臣范仲淹手书《伯夷颂》卷真迹并历代题跋，共四册成，志殊恩也。此卷旧藏宗子家，始亦未曾检及，继以装池未竟，故先臣瑶亟欲进御而不果。逮皇上三次南巡时，臣君求以丁艰在籍，虽于山园跪迎圣驾，而未敢率呈。至乙酉年，始得请于抚臣庄有恭代奏恭呈御览，即荷圣恩，亲洒宸翰，并敕臣继善、臣敏中、臣有恭咸题咏焉。夫以数百年之遗墨得邀宠赉于赓歌，此固圣天子褒奖儒臣之圣恩，实先臣旷代难期之荣遇也。庚子年，皇上五巡江浙，临幸山园，敬谨陈设，又蒙叠韵再题，且赐题签敕为世宝。遭逢至此，诚千古史册所罕观。为子孙者宜何如感激奋勉，思所以报称宠眷而善守先泽哉？夫君恩不可不彰，而请观者众，频以示人则又邻于亵，兹得族孙、臣征谦倩善手恭摹勒石，庶几士林得共遂瞻仰，而墨宝亦可以永藏矣。自辛丑开雕伊始，越岁而功乃竣于其成。君求乃恭述缘起于后，使观者于揽古之余，得以识圣天子重道崇儒之至意云。

世孙、臣君求恭记，时年七十，俾子甃陈元基敬书③。

□昨年亲炙夷齐庙，台陟清风滦绕流。傲世惟希巢父乐，吊民未

① 御题：为乾隆皇帝所书。（爱新觉罗·弘历，世宗四子。清帝，1735～1795 年在位）

② 范时纪：范仲淹二十一世孙，曾任盐运司职，领修广州越华书院。范宜劻：范仲淹二十二世孙。历刑部堂主事、福建龙岩州知州。

③ 范君求：江苏苏州府元和县、浙江金华府通判。

趹武王忧。衣冠不羡千秋史，薇蕨还胜五鼎羞。同志后来应谁氏？依稀钓者有羊裘。

甲辰季春上浣御题①。

◇亮节西山孰比崇，蓝关雪拥仰孤忠。平生忧乐关天下，一种高风异代同。数行遗墨写清襟，薇蕨蓲盐共此心。长脚何人工误国，漫从翰墨附知音。伊川佚老鬓如霜，杜富齐名日月光。千载岩廊庆遭际，几人能不愧遗芳。

乾隆五十五年岁次庚戌二月初吉，吴郡后学潘奕隽谨题。

□文正公手书《伯夷颂》，元大德年间，李侯戡来守吴，归还义庄，令子孙世守，甚盛事也。主奉邦瑞、提管士贵刻石文正书院，并刻宋诸贤跋语于后。今祠之仪门左，穹碑屹立，完善如初。迨后跋语日增，分为三卷，前明再刻于建业玉麟堂，见之卷中盛彪跋，不知刻者何人，石亦旋失无可考。乾隆乙酉至甲辰，三届南巡，墨本进呈御览，叠荷褒题，益增宝重。时义庄公费不足，无暇寿之贞珉。宗归田后，渐次清理，岁有赢余，爰积日钩摹，全行勒石。庶几传播艺林，共得瞻仰。因钩已毕事，上石伊始，为志其略如此。

乾隆五十九年甲寅中秋，翰林院编修、文正二十四世孙来宗敬记并书②。

□是卷向归宗子收藏，即吾族所称主奉是也。乾隆六十年春二月，主奉仪炯家壁邻延烧，先世手泽祭器为之一空，此卷亦为灰烬矣。报县详宪，中丞奇公以仪炯不能救护，有应得之咎，第灾出仓猝，老惫不支，姑存案免议。然千年遗墨毁于一旦，闻者无不痛心也。赖钩摹在先，今刻石始竣，又附志其事于后。

嘉庆三年岁次戊午季冬，来宗书③。

主奉来宗执事章晟、章积、宏遇、学诗、来成、显福、用铨同监刻。

□我庄自遭粤匪之乱，祠宇全毁，坟山被扰，所有珍藏御赐墨宝亦经损缺。其余始祖全集、宗支谱板等件，尽归乌有。即家传《伯夷

---

① 御题：为乾隆皇帝所书。清高宗（1711～1799）：爱新觉罗·弘历，世宗四子。清帝，1735～1795 年在位。

②③ 范来宗：字翰尊，号芝岩。乾隆进士，官编修。工诗画，有《治园诗稿》《诗余》。

颂》碑仅存数段，蔓草荒烟，深为感叹。炳统族后，偕各执事将祠宇湖山渐图兴复，而残碑断简终难获全，惓惓于心，无时或释。同治二年冬，得谱牒全部于乡间。三年秋得始祖全集于溓川。至文正公手书《伯夷颂》墨刻，宸翰亲洒，历来名公钜卿题咏缤纷，诚为吾家世守之宝，搆求殆遍，迄难归赵。兹偶偕提管显灏访张君子瑜，悉有坊间某氏珍藏此帖。随同往观，见其装缀四册，卷页全璧，系是乾隆年间原拓，遂出价搆之以归义庄。真有神灵默佑合浦珠还之喜。待他年祖祠毕兴，重将此帖补勒贞珉，实为炳之素愿也夫。

时同治五年岁次丙寅仲冬下浣，二十五世孙、主奉学炳谨识，二十七世孙、主计承丰谨书①。

□《伯夷颂》墨迹毁于乾隆乙卯，迄遭赭乱，碑碣断残，而拓本亦散佚无存矣。事平归里，先君子多方搜罗，幸获原拓于溓川，思泐诸石。时祠宇经营，艰难草创，因之未遑。戊申之春，重建岁寒堂落成，族人请刊于石。乃出是拓，校对旧碑，计遗失百余字，缺损数十字，付镌民手，钩摹补泐，砌诸堂壁。于是断者斯续，残者斯全，以存文正公手泽，并慰先君子未竟之志。工即竣，附志颠末，谂吾后人。

光绪三十四年清和月，二十六世孙、文正书院主奉端信谨跋，吴县后学尤先甲敬书②。

主奉端信执事用焕、用霖、端庠、迪鋐、承恩、敬修监刊。

---

① 范学炳：范仲淹二十五世孙。同治间，范学炳重建白云寺。
② 范端信：范仲淹二十六代孙，文正书院主奉。尤先甲（1843～1922）：字鼎孚，苏州人。光绪二年进士，授内阁中书。后任苏州商会总理、苏路公司董事、吴县市总董、南洋劝业会吴县物产会会长等。

附　韩愈《伯夷颂》

士之特立独行，适于义而已，不顾人之是非，皆豪杰之士，信道笃而自知明者也。一家非之，力行而不惑者寡矣。至于一国一州非之，力行而不惑者，盖天下一人而已矣。若至于举世非之，力行而不惑者，则千百年乃一人而已耳！若伯夷者，穷天地、亘万世而不顾者也。昭乎日月不足为明，崒乎泰山不足为高，巍乎天地不足为容也！当殷之亡，周之兴，微子贤也，抱祭器而去之；武王、周公圣也，从天下之贤士，与天下之诸侯而往攻之，未尝闻有非之者也。彼伯夷、叔齐者，乃独以为不可。殷既灭矣，天下宗周，彼二子乃独耻食其粟，饿死而不顾。由是而言，夫岂有求而为哉？信道笃而自知明也。今世之所谓士者，一凡人誉之，则自以为有余；一凡人沮之，则自以为不足。彼独非圣人，而自是如此！夫圣人，乃万世之标准也。余故曰：若伯夷者，特立独行，穷天地、亘万世而不顾者也。虽然，微二子，乱臣贼子接迹于后世矣。

（范仲淹手书与韩愈《伯夷颂》世行之文，少有出入。）

五、古人诗文赞范公

古人咏赞范仲淹的诗文很多，此只收录与青州相关的部分。刻于碑者收于本书《范公祠碑碣诗文选》部分，不重录。

送张讽寺丞赴青州幕①

梅尧臣②

朝廷久清明，贤相出贤牧。贤牧又选贤，森森备官属。
是以邦政修，良农播嘉谷。上无租赋逋，下有囷廪蓄。
……
富公离山东，寇盗颇任触。堂堂高平公，德业人所伏。
幕府得才谋，蝼蚁不劳扑。上体忧勤心，扫灭得神速。
张侯三十余，莹若无玷玉。八字分浓眉，纯漆点双目。
昨日奉辟书，气貌宁近俗。言从必磊落，事果无出缩。
他时为书功，谁惜千毫秃。

---

① 此诗录自《宛陵先生文集》。本书第七页有范仲淹《举张讽李厚充青州职官状》。张枫因范仲淹推荐，赴青州任职。梅尧臣诗借送张讽赴青州事，赞颂了富弼、范仲淹治青的政绩，也描绘了张讽的形象。张讽：见本书第七页注释。

② 梅尧臣（1002~1060）：字圣俞，世称宛陵先生，北宋诗人。宣州宣城（今属安徽）人。皇祐三年（1051）赐同进士出身，官至尚书都官员外郎。

谒青州范天章①

张方平②

剑横驴膊儒装陋，戟列台门霸府雄。
喜似祢衡逢北海，直须雷焕辨南丰③。
谬悠为说非今味，疏略言诗粗古风。
更似贾生多叹息，闻公直赏胜吴公④。

呈范天章⑤

张方平

诏起东山对紫庭，清风潇洒动阶蓂⑥。
谠言几为忠邪发，大用须凭庙社灵。
武库神兵罗斧戟，太宫礼器列笾铏⑦。
愿公早入当钧轴，重演三篇相武丁⑧。

---

① 此诗录自《全宋诗》第305卷3830页。张方平《乐全集》亦存。本诗多用典故，尾联代指范仲淹举荐张方平事。范天章，即范仲淹，因其在景祐二年（1035）冬曾任天章阁待制。

② 张方平（1007～1091）：北宋南京（今河南商丘）人。字安道，号乐全居士，神宗时官至参知政事，谥"文定"。有《乐全集》存世。

③ 祢衡逢北海：祢衡（173～198），东汉平原人，字正平。少有才辩，气高傲物。北海，北海郡守孔融代称，与祢衡善，将衡荐于曹操。雷焕：雷焕，晋豫章人，传说其通晓纬象，武帝时，斗牛间有紫气，焕望而知丰城有宝剑。果掘得龙泉、太阿二剑。事见《晋书·张华传》。

④ 贾生：即贾谊，《史记》有传。吴公，汉上蔡人。文帝时吴公为河南守，向文帝荐贾谊，谊被诏为博士。

⑤ 此诗录自《全宋诗》第305卷3831页。张方平《乐全集》亦存。本诗也多用典故，寄希望于范仲淹东山再起，早当"钧轴"。

⑥ 紫庭：帝王宫廷。蓂：传说中的一种瑞草，夹阶而生，随月生死。每月从初一至十五，每日结一荚；从十六至月终，每日落一荚。所以从荚数多少，可以知道是何日。

⑦ 笾铏（biān xíng）：祭礼或宴会时盛食物的器皿。

⑧ 钧轴：旧指国家政务重任，亦指掌握国家大权的人。武丁：商代国君，盘庚帝小乙之子。他重用傅说、甘盘为臣，使殷商中兴。

范公亭① (次孔宗翰提刑韵)②

赵抃③

陆羽因循不此寻，从知泉品未为深④。
甘清汲取无穷已，好似希文昔日心⑤。

咏醴泉⑥

范纯仁⑦

胜概因人得久存，此泉疏凿自先君。
澄源不负当时意，清影犹涵昔日云⑧。
养正回当深涧下，朝宗应与众流分⑨。
今逢贤帅光陈迹，名逐新诗海内闻⑩。

---

① 此诗录自明嘉靖《青州府志》卷七。七绝以诙谐之笔，调笑"陆羽因循"，而赞扬范公希文。"次韵"就是以原诗用韵的字及其顺序而相唱和成诗。

② 孔宗翰：字周翰，道辅子，神宗末为京东路提刑。提刑，即提典刑狱，主管所属各州刑狱及监察，兼管农桑。

③ 赵抃（1008～1084）：景祐间进士，官至殿中侍御史，人称"铁面御史"。熙宁三年（1070）十二月，以资政殿大学士知青州。

④ 陆羽（735～804）：唐复州竟陵（今湖北天门）人。善品茶，著《茶经》，世称"茶圣"。

⑤ 希文：范仲淹字。

⑥ 此诗录自清康熙《益都县志》。明嘉靖《青州府志》，此诗题为《范公井》。范纯仁以诗怀思和赞扬"先君"，并盛赞修复范公井亭的"贤帅"。

⑦ 范纯仁（1027～1101）：字尧夫，仲淹次子。皇祐元年进士，历官吏部尚书，尚书右仆射兼中书侍郎。有《范忠宣公集》二十卷存世。

⑧ 澄源：疏凿澄通源泉。

⑨ 养正：修养正道。

⑩ 贤帅：指当时疏凿范泉的青州知州。青州知州一般兼任京东路或京东东路安抚使，近于今大军区司令级别，故称帅。

范公井①

刘福②

一泓玉甃郡城隈，庆历祯祥地脉开③。
灵液万年偕俎豆，居民终日引瓶罍④。
元非橘叶和丸药，堪与葡萄漉酒醅⑤。
闻说异常人不信，汲来香气似莲台⑥。

范泉亭次韵⑦

蓝田⑧

暮春过范井，花柳野寒微。
散步随荒径，开尊对晚晖。
千年忧乐梦，连袂士夫衣。
咫尺非城市，长吟月下归。

---

① 此诗录自明嘉靖《青州府志》卷七。七律从多方面赞扬了范公井水给人们带来的好处。

② 刘福：字庆之。明青州人，宣德年间进士，授户部给事中，后擢山西参政。

③ 玉甃：此代指范公井。甃（zhòu）垒砌。

④ 俎（zǔ）豆：古时祭器。罍（léi）：古代刻有云雷花纹的饮酒器，这里指一般盛水的器具。

⑤ 橘叶：古代神话。葛洪《神仙传》：苏仙公得道，仙去前，对母说："明年天下疾疫，庭中井水一升，檐边橘叶一枚，可疗一人。"第二年果如其言。

⑥ 莲台：即佛座，佛像之座位。比喻范公井水之神效。

⑦ 此诗录自蓝田《北泉集》。范泉亭，即范公井亭，从"千年忧乐梦"句及所写内容可以判定。此诗写在范泉亭畅饮联诗的欢快心情。次韵：就是以原诗用韵的字及其顺序而相唱和成诗。

⑧ 蓝田（1477～1555）：字玉甫，号北泉，即墨城人。嘉靖二年（1523）进士，官至监察御史。"海岱诗社"成员之一。有《北泉集》等存世。

与刘山泉题范泉亭 （联句）①

蓝田　刘澄甫②

一

小集范亭上北泉，狂夫酒力微。

歌声还断续北泉，柳色倍光辉。

汲井斗新茗北泉，闲居乐草衣。

百年开口日北泉，钟鼓自忘归北泉。

二

坡草真如剪北泉，王孙赋式微。

泉深知印月北泉，兴极欲留晖。

墙上题新句北泉，矶头浣葛衣。

十年尘士梦北泉，今日恨迟归北泉。

---

① 此联句诗录自《北泉集》。此二首五律是蓝田和刘澄甫联吟而成，表现了诗者悠然自适、乐而忘归的情境。

联句：是两人或者更多的人对句联吟的一种作诗方式。

② 刘澄甫（1482～1546）：字子静，号山泉，北阳河村（今青州市）人。明正德三年（1508）进士，官至山西布政司左参议。"海岱诗社"成员之一。有《山泉集》存世。

题范公亭二首①

陈经②

一

石宝灵源谁凿成，先忧深识范公情。

孤亭落日山如旧，古砌荒台水自清。

皂盖几年来出牧，余波千载尚专城③。

后人岂倦登临兴，一浥芳馨感愧生④。

二

冽冽琼浆汲不深，嶙嶙玉甃古城阴⑤。

露承铜掌才堪拟，源发中泠岂易寻。

和药便应开寿域，赏心何止涤烦襟。

遥知灵境仙家住，合有丹砂此地沉。

---

① 此二首七律录自明嘉靖《青州府志》卷七。二诗描绘了范公井亭的景象及作者游览的感受。

② 陈经（1482~1549）：字伯常，号东渚，明代益都城里人，正德九年（1514年）进士，官至兵部尚书。"海岱诗社"成员之一。

③ 皂盖：古指车上的黑色蓬盖，后代指称郡守。

④ 浥：湿润。此指范公井水。

⑤ 玉甃：此代指范公井。甃（zhòu）垒砌。

题范公井①

黄卿②

良牧祠前一鉴泉，碧沙白石漾澄涟。
味移玉醴和云汇，波溅珠光应海漩。
中使传宣供御药，江僧深汲识灵源③。
缨尘病渴频留憩，一读遗碑一洒然。

范公亭④

杨应奎⑤

昔贤守郡信蓍龟⑥，千古祠堂傍水涯。
地出醴泉钟海岱，医传灵药拯疮痍。
金沙石甃渊源静，茶灶银罂风味奇⑦。
一酌清甘频倚槛，先忧道气令人思。

---

① 此诗录自明嘉靖《青州府志》卷七。七律描绘了范公井泉的澄澈、深远以及调药的功用，抒发了诗者的心情。

② 黄卿（1485～1540）：字时庸，号海亭，明益都北关人。正德三年（1508年）进士，官至左布政使。"海岱诗社"成员之一。

③ 御药：皇帝用的药。事见本书77页赵伟《重建范公井亭祠碑记》："天顺五年，皇帝敕命内臣汲泉制药于此"。

④ 此诗录自明嘉靖《青州府志》卷七。

⑤ 杨应奎（1486～1542）：字文焕，号渑谷，别号塞翁，回族。明代益都东关人，正德六年（1511）进士，官至南阳知府。"海岱诗社"成员之一。有《渑谷集》存世。

⑥ 蓍（shī）龟：古人占卜用的蓍草和龟板。

⑦ 银罂（yīng）：银质瓶子，言其珍贵。罂，腹大口小的瓶子。

范公亭①

李松②

此井当为第一泉，
范公德政感苍天。
与君共酌消烦暑，
谁浚源流衍万年。

范井甘泉③

李本纬④

不朽先忧乐，棠荫出醴泉⑤。
渊源沧海窍，喷迸夜珠圆。
玉虎供桑落，银瓶种杏田⑥。
床边岿颂石，井井祀高毡⑦。

---

　　① 此诗录自明嘉靖《青州府志》卷七。系李松巡按青州时所作。七绝寄予诗者疏浚源流使之常清的愿望。

　　② 李松：明长洲（明清为苏州府治）人。曾任巡按御史。

　　③ 此诗录自清光绪《益都县图志》卷五十四。李本纬有"青州十景"诗，此其一。五律多用典故。

　　④ 李本纬：明曲沃（在今山西闻喜县东北）人，进士。万历间任右布政使。

　　⑤ 棠荫：棠，棠梨树。《诗经·甘棠》：周时，召伯南巡，曾在甘棠树下歇息，时人敬重召伯，相戒勿伤该树。后用"棠荫""甘棠"等比喻良吏的政绩。

　　⑥ 玉虎：井上辘轳。桑落：酒名。银瓶：汲水器。杏田：三国时吴人董奉隐居庐山，为人治病不取钱，令病重愈者种杏五株，轻者种一株。后称从医者为杏田。

　　⑦ 床：井上围栏。颂石：歌颂功德的石碑。井井：洁净不变。

范公井①

马之骦②

流水高山映赤城，偶来此地濯尘缨。
泠泠珠浦翻琼液，皎皎冰壶泛雪潆。
云拂银床朝露湿，月移玉槛晚霞明。
名贤遗泽于今在，漱润流芳百世清。

范公泉③

马之骦

高楼踞水枕城边，佳气氤氲穴醴泉。
入户松风拂绣柱，当轩桐月落霞天。
二龙斜抱烟云敞，百雉平临星斗悬。
遗迹遥传后乐地，忧劳谁与问当年。

① 此诗录自《青州明诗抄》卷四。《诗抄》为清代赵愚轩辑。青州市图书馆存民国二十九年赵氏（寿光人，字东甫）石印本。

② 马之骦：字胜千，号广一子，明益都人，回族。天启五年（1625）进士，官至国子监祭酒。有《左传评抄》等。

③ 此首七律录自康熙《益都县志》。以上两首诗，描绘了范公井、范公泉的景象，说明先贤精神遗泽后世，流芳百代。

范文正公祠①

顾炎武②

先朝亦复愁元昊③，臣子何人似范公。
已见干戈缠海内，尚留冠珮托江东④。
含霜晚穗遗田里，噪日寒禽古庙中。
吾欲与公筹大事，到今忧乐恐无穷。

初春贼退后偶过范泉⑤

孙廷铨⑥

晴媚犹照石床书，树杪危栏晚眺余。
石引泉声成婉转，雪残山意上清虚。
倏风微欲迎玄鸟，弱荇春来聚白鱼。
斗酒相呼须未厌，近时忧乐倍踌躇。

---

① 此诗《亭林诗集》卷二。

② 顾炎武（1613～1682），字宁人，号亭林，苏州昆山人。著名思想家、史学家、语言学家，世尊为亭林先生。南明亡，他曾参加抗清斗争，失败。在家乡又受到乡绅陷害和家奴背叛，乃有山东青州及北方之行。

③ 元昊（1003～1048），李元昊，北宋宝元元年（1038）称帝，建国"大夏"，史称西夏，定都兴庆（今宁夏银川）经常骚扰北宋西北边境，范仲淹挂帅镇边。

④ 江东：项羽自刎乌江故事。

⑤ 此诗录自《益都先正诗丛抄》卷四，丛诗意分析，诗作写于明末乱世。

⑥ 孙廷铨（1613～1674），字伯度，又字枚先，号沚亭，山东益都（今山东博山）人。明崇祯进士，官至清康熙朝秘书院大学士。康熙十三年病卒，谥"文定"。有《沚亭集》。

夏日范公泉①

赵进美②

清酒遥寻野树香，鹅岩烟后渐苍苍。

十年马迹惭幽磬，六月蝉鸣在草堂。

雨接泉声摇竹色，云含日气作山光。

方塘影暗流萤起，绕坐桐荫引夕凉。

范井甘泉③

陈食花④

文正风流迥不遮，齐泉吴泮碧连霞⑤。

一泓醴水澄清色，十抱文楸糁白花。

巨荫留题时景物，游人消渴动咨嗟。

枕流今日非余事，俯仰楼台得月华。

---

① 此诗录自《益都先正诗丛抄》卷四。《诗丛抄》由清代段松龄辑、朱沅补，为光绪十年段氏古穆和堂刻本。

② 赵进美（？~1692）：字嶷叔，号清止，明益都人。崇祯十三年（1640）进士，官至按察使。有《清止阁集》。

③ 此诗录自清光绪《益都县图志》卷五十四。陈食花有"益都五咏"诗，此其一。

④ 陈食花：清福建澄海人，贡生。康熙十年（1671）知益都县事。

⑤ 文正：范仲淹谥号。齐泉：此指范公泉，古青州属齐郡，故称。吴泮：指范仲淹家乡的学官，因苏州古为吴地，故称。

范公井

钟世楷

树老亭台古，官清泽惠长。

公心同井水，千载有余香。

范文正公希文①

钟世楷②

宋代纯臣惟吴东，甲兵十万在胸中。

巡边大小尊为老，选职贤愚不混同。

正色扶君亲富弼，协心御外有韩公③。

数年参政无时懈，忧乐一生先后通。

---

① 此首七律与下首五绝诗皆录自《玉山诗抄》。第一首明白如话，歌颂范公泽惠流长。第二首多角度赞颂范仲淹的功绩。

② 钟世楷：清益都人，钟羽正后裔。有《玉山诗抄》存世。

③ 韩公：韩琦，曾任陕西经略安抚招讨使，与范仲淹共主兵事。

范公井泉三首①

张连登②

一

杂花生树乱莺飞，倚石搜诗到夕晖。

赢得山童争笑说，行春太守饮泉归。

二

一漱寒泉沁齿凉，花枝摇影落旗枪。

当初桑苎空收拾，不向青山好处尝。

三

冷光如镜涌棠荫，犹是先生一片心。

沆瀣甘能调药石，冰霜清可鉴胸襟。

长留涤尽轩裳俗，细响时和松柏音。

千载郡人多饮德，恩波只向此中寻。

① 以上三首诗皆录自《青郡诗集》，此集系孙文澜（青州孙家庄人）民国七年四月手抄本。见于青州北门街王亮"广益堂"。两首七绝诗语自然，摇曳生姿。七律赞扬范公恩德惠及后人。

② 张连登：清陕西咸阳人。光绪《益都县图志·官师志》记述较详。说他"少有经世志"。康熙三十八年（1699）知青州府，时府辖十几县，皆遇严重灾荒。登请免除当年租税，全力赈灾。并以工代赈，修学宫、松林书院、范公祠等，"民赖以苏"。"以事诖误，罢职。百姓呼号罢市，既奉特旨复职，民皆踊跃如归父母"。后升任湖北巡抚。张连登知青州间，重修范公祠，并立碑以志。

汲范公泉煮茗①

张连登

范公亭五马，仁政及民多②。

松直庭犹荫，泉香井自波。

神夙瞻此日，碑后满山阿。

不有新堂构，将如后起何。

范公祠落成纪事③

张连登

范公昔绾青州章，遗祠屹在高山阳。

五百年来败椽角，丹青剥落无辉光。

嗟乎后起生也晚，私淑乃敢称门墙。

升阶再拜三叹息，为捐薄俸搜官囊。

经年断手峨庑廊，承颜领海皋比傍。

维公大节日月光，文武经纶畴可方。

---

① 此诗与以上三首及下首出处相同。张连登的这一组诗，一方面描绘了范公井泉周围的风景，一方面歌颂了范公的德政，还记述了重修范公祠的情况和抒发了他当时的愉悦心情。

② 五马：太守的代称。

③ 张连登于康熙四十五年（1706）重修范公祠以后，写此诗。有碑记，此碑立于青州三贤祠院门外南侧。高237厘米，宽98.5厘米，厚21厘米。碑文为楷书。该碑记记述重修范公祠的经过，阐述重修之意义。

烹鲜小试亦偶尔①，周情孔思靡弗臧。
生秉国钧逸韩富②，亦闻死作阎罗王。
我来拭几告瓣香，仍以希范名其堂。
典型在前足矜式，庶不改辙违周行。
明禋何用滥鼎俎，黄虀白粥公家尝③。

范公亭怀古④（节录）

孙文楷⑤

一

范公亭子何处寻，群城西畔树阴阴。
一径弯环穿绿野，一水映带隔红尘。
入门先惊楸树古，南国甘棠与谁伍。
落花满院悄无人，芳草侵阶初过雨。
亭前万木六月凉，井底甘泉寒射鲋。

……

---

① 烹鲜：语出《老子》："治大国若烹小鲜。"后以"烹鲜"比喻治国便民之道，亦比喻政治才能。

② 韩富：韩琦与富弼。韩魏公：韩琦（1008～1075），字稚圭，宋仁宗时进士。经仁宗、英宗、神宗，迭任枢密使、宰相等职，执政三朝，封魏国公。卒谥"忠献"。富弼（1004～1083）：字彦国，宋河南洛阳人，至和中拜同中书门下平章事，与文彦博并相。后封郑国公，又进韩国公致仕。有《富郑公诗集》《奏议》12 卷、《安边策》等。

③ 黄虀白粥：范仲淹划粥断虀故事。虀（jī），古代虀通齑，泛指捣碎的腌菜。语出魏泰《东轩笔录》，形容生活艰苦，是特指范仲淹青少年时刻苦读书的成语。

④ 此诗录自《益都先正诗续抄》卷四。邱琮玉辑。邱之简介见本书 133 页《范公台·古槐歌及其他》文中。

⑤ 孙文楷（1846～1912），清代山东益都（青州市）孙家庄人，字模山，自号稽庵主人，晚年号东田耘叟。同治十二年（1873）举人，不图仕进，潜心著述，专事金石考据之学，喜搜古钱，尤嗜篆刻，著有《齐鲁古印笈》4 卷。他刻印 200 余方，汇为《孙氏印谱》，原稿已失。还著有《老学斋诗文集》2 卷、《今吾诗草》2 卷、《老学斋笔记》等。光绪末，继法伟堂后续成《益都县图志》54 卷，撰"金石""艺文"两志，世称博洽。新编《青州市志》有传。

酌公甘泉拜公像，灵祠肃肃神采王。

断斋早觇志士怀，登朝遂副苍生望。

四海名儒半门墙，一代重臣兼将相。

祠前再拜荐溪蘋，溪中水涵太古春。

岂独贤声存旧治，更留遗泽润生民。

富欧同祀非无意，都是先忧后乐人。

游范公亭二首①

安致远②

一

范公亭子郡城隅，老树残碑引兴殊。

隔代音容还彼美，当年忧乐竟无徒。

楸花啼鸟人多思，瓶影沉泉响易孤。

拂面红尘瞻拜客，清风谡谡入冰壶③。

二

登高余兴复溪滨，拜手荒祠庆历身④。

红树扶秋依寺角，青山送雨对城闉⑤。

人思旧德遨游数，地借前贤景物新。

疏瀹冰壶容客醉，寒泉一掬濯缨尘⑥。

---

① 诗录自手抄本《青社遗闻》，1985 年由寿光县史志办公室重印。这两首七律描摹了范公亭及其周围的境况，抒发了诗者游览范公亭时的感受，赞颂了范公的德政。

② 安致远（1628～1701）：字静子，清代寿光安家庄人。清顺治十一年（1654）拔贡。应试 15 次，卒不举。著作多种，以《四库总目》传于世。

③ 谡谡：此处为风声。

④ 拜手：古代跪拜的一种方式。

⑤ 城闉（yīn）：瓮城门，也泛指城门。

⑥ 疏瀹：明澈的样子。冰壶：盛水的玉壶，比喻洁白（之身）。

范公亭次马渥印韵①

王炜②

一

望岱门南谷口边，幽亭后落对清泉③。

松风入户常疑雨，海月当轩别有天。

近接城闉金阙迥，俯临涧水玉堂悬。

从来此地多贤守，德教于今似昔年。

范公祠泉④

鲁继善⑤

泉水清如此，山光翠欲流。

由来贤太守，多出古青州。

自昔遗风渺，于今祠典留。

甘棠何处是，合抱数株楸⑥。

---

① 此诗录自《益都先正诗丛抄》七卷。这首七律生动形象地描绘了范公亭的
景色。

② 王炜：字元亮，青州城里人。拔贡，曾任山东成武县教谕。

③ 岱门：即南阳城西门，曰"岱宗"。

④ 此诗录自《吾过草》，孙文澜手抄本。见于北门街王亮"广益堂"。

⑤ 鲁继善：字成之，号橡谷，青州普通人。乾隆乙亥举人，曾为河南荥阳知县。

⑥ 甘棠：周时，召伯南巡，曾在甘棠树下歇息，时人敬重召伯，相戒勿伤该树。
后用"棠荫""甘棠"等比喻良吏的政绩。

青州历史文化丛书

范公井①

邹维烈②

龙图老子政殊谙，芳井长流作美谈。
后世优能霑宰惠，斯泉终是为公甘。
绕亭仰望千林密，汲水俯临一镜函。
寂静更无尘迹到，绿莎尚护径三三③。

后乐亭记④

有树徕⑤

郡城西隅，旧有甘泉，宋范文正公德政之所致也。后人思旧德，怀遗迹，爰建祠于其上，又于后架木为亭，以为憩息游赏之所。因公"先忧后乐"之语，遂名为"后乐亭"云。是亭也，无樽栌节梲之华，去雕饰，存素朴，前与醴泉亭相映，遥与古柏亭相望，白云为藩篱，碧山为屏风，卉木回护，皆乐境也，时鸟嘲啾，皆乐趣也。

时与客来游于此，披览之余，万象森列，诸峰筝翠，阳溪澄镜。仰看云门，苍苍之状与目谋；俯窥清泉，泠泠之声与耳谋。顾而乐之，吟歌互答，以极万韵，揽不盈掌。

夫美不自美，因人而传，向使非范公之迹，虽茸栏楹，斗绮丽，

---

① 此诗录自丁汉三《百壶斋拾遗》。丁汉三，原名树杰，后以字行，以打铁壶为业。青州著名收藏家，主要收藏各地县府志及地方文献、诗文集等，并藏有紫砂壶多把，故以"百壶斋"为号。

② 邹维烈：清道光、咸丰间人，居益都城东北草庙村。著有《其川集》。

③ 径三三：源于三三径的典故。宋代杨万里于东园辟九径，分植不同的花木，名曰"三三径"。其《三三径》诗序云："东园新开九径，江梅、海棠、桃、李、橘、杏、红梅、碧桃、芙蓉九种花木，各植一径，命曰三三径。"

④ 此文由房崇阳先生提供，其抄录于旧书摊。

⑤ 有树徕：字松岸，城东西阳河村人，贡生。清光绪《益都县图志》襄纂之一，有《淡云轩文集》。

伐劈驼之木，极栋楹之美，亦不过倏兴倏废耳，存且不存，何有于乐？则寻胜地，挹清风，遨游竟日，倦而忘归，非公之予后人以乐而乐以无穷者哉！抑余闻之，文正公方居庠序即以天下为己任，尝曰："先天下之忧而忧，后天下之乐而乐。"迨其后入相朝廷，则卓卓著绩。出守青社，则醴泉涌出，即今去八百余年，而青人之和厚，犹若有得于先生之风者，是其志之有成也。吾愿游于斯者，缅公之德，企公之志，毋徒视为流连以乐之场，应不负于斯亭也。

六、范公祠碑碣诗文选

　　范公井亭与范公祠构建以来，即成为青州一方胜概，据宋人王辟之《渑水燕谈录》记载：这里"欧阳文忠公、刘翰林贡父及诸名公多赋诗刻石，而文忠公及张禹功、苏唐卿篆石榜之亭中，最为营丘佳处。"自此延至三贤合祠之时及其以后，历代多有修葺。每有修葺，便多立碑以记。同时，历代文人墨客往往游览瞻仰于此，亦多有诗文为颂，或立碑碣，或载志乘。祠里犹存碑碣最早者为明代，明代以前者已不见（元代任询所书"表海亭"诗残碑存祠堂院内，除外）。明代之前，有的碑与文皆无存，有的只有碑文载录于志乘。有的碑碣以"三贤祠"名题，由于多涉范公事，故亦收录，但题目依旧。

　　今将所搜集者，辑录以志。碑碣历经兵燹，特别是经过"文化大革命"的破坏，很多碑文已漫漶不清，甚为可惜！笔者对其可辨者补之，能推断者增之，难定者缺之，对行世书文有误者正之。编排先碑记，后诗联，以时间前后为序。

范公泉记①

王城②

《洪范》"五行"一曰"水"，混混然利物，源泉为本，养老愈病，醴泉为上。昔宋皇祐中，范文正公尝帅青社，有德于人，而州之乾方洋溪，醴泉出焉，后人目之曰"范公泉"。其与戴公山、严公濑、邵伯塘、郑公渠，埒美俪踪矣。

以经兵革，遂致湮绝，鞠为园蔬，逾五十载。耆老过之，靡不兴叹。乃者连帅完颜公，思欲发前贤之迹，慰青人之意，乃按图志，询故老，得其故处，奋锸，清泉复出，方池流沟，作亭艺木，巨壑层城，映带左右，屈曲靖深，萧然如屏。苍岩翠阜间，又且筑台开轩。西崖缺处，招引西山，秀色可揽。朝烟夕霏，四时有之，物外胜绝，纷纶坌集。邦人萃止，神明还观，滋液甘寒，宜药宜茶。呜呼！世（《范文正公全集》为"物"，本《嘉靖府志》）

有否而泰，物有塞而通，醴泉之瑞感而应，地不爱宝，是造物之无尽藏也。

范公以善政致之于前，今公复以善政致之于后，前后相望，如蹈一轨，可谓异世同流者矣。他日芝封，趋（《府志》为"趣"，本《范文正公全集》）公归朝，后人思之，亦如思范公也。古者思其人，爱其树，仆于斯泉亦云。

任城王城撰，南麓任询书③，营丘王枢篆④

大定辛丑十一月朔，辅国上将军山东统军使

---

① 明嘉靖《青州府志》卷七书为《醴泉碑略》，记载较简。此碑已不存，《范文正公全集》之《褒贤集》卷四有碑记原文，题为《范公泉记》，碑文如上。此为所见最早的修葺范公泉的碑记。据碑文所载，立碑时间为金大定辛丑，即大定二十一年（1181）。碑文记述重新发掘范公泉的经过以及重修后的美好景色。

② 王城：金代人。任城，今济宁市任城区。

③ 任询（1133～1204）：金代人，字君谟，号南麓先生，易州（今河北易县）人。正隆二年（1157）进士，曾任益都都勾判官。需特别一提的是，今三贤祠堂院内存有其书《表海亭》诗残碑，《益都县图志·金石志》有记载。后以北京盐使致仕，优游乡里，家藏书法名画数百轴。诗文书画俱工，真草书流丽尤劲，不让二王。《金史》有传，称其"书为当时第一"。

④ 王枢：字子慎，良乡（今北京西南良乡镇）人。辽时登进士第，入金，至翰林学士、直国史馆。殁於"贞祐"之变。诗笔尤健，为时人所称诵。

重建范公井亭祠碑记①

赵伟②

有宋皇祐二年，范文正公仲淹尝守青州，有德于人，州之乾方醴泉出焉，后人目之曰"范公泉"。既而，经兵燹湮绝，逾五十载，为大定辛丑岁，连帅完颜公欲发前贤之迹，乃按图志，询故老，得其故，奋锸，清泉复出，因作亭于上，以表其胜迹。远，人亡亭废井湮，而泉则无异于初焉。天顺五年，皇帝敕命内臣汲泉制药于此，因重建新亭，凡四楹，翼于泉上。亭后作祠堂三间，追祀范公。既落成，命予纪其事云。

范公井碑记③

熊相④

天人不闻□□□□□□□□□□□□□□□□□于孤城。姜诗孝亲，江水徙于近地。况□文□□□□□□□□□□□□□□□于天下，又非二子所可班者。则其获天之应当□□□青□□□□□□□□□□□姓。旧传：公仁宗时出守青州，有异政，醴泉涌出，味

---

① 此碑已无存。碑记，明嘉靖《青州府志》卷七有简略记载，碑文如上。题目为笔者所加。碑文中"皇祐二年"当是"敕命"范公知青州时间。碑文简略，追述金大定辛丑年发掘井泉情况及此次重修规模。

② 赵伟：明山西潞州人，举人。天顺二年（1458）知青州，五年，重建范公井亭和范公祠，并为之记。《益都县图志·官师志（四）》有简介。

③ 此碑，镶于澄清轩东山墙外侧。高152厘米，宽90.5厘米。碑文为行楷。碑文虽多处遭破坏，但亦可从碑文看出这次重修范公井亭及其写作该记的大体经过。

④ 熊相：字尚弼，号召峰，明江西高安人。正德三年（1508）进士。曾官河南道监察御史、山东巡按等职。为官刚正，僚属敬服，注重民生，发展生产。"所事凡利桑梓者，力任不辞"。颇具文才，重视文化，曾参与《瑞州府志》《蓟州志》《四川总志》等志书的编写。

□□□□□□□□□□□□□□□□□□汲之，公乃浚以为井，至今医家犹奏效于和药。天顺中，英庙亦尝遣使取焉。

　　□□□□□□□者□□覆之，前门后寝，可祀可封。惜栋桡而不可久，面墙而无所见。等□□□□□□□□□□□司参政高君友玑、按察副使安仁舒君晟、佥事岳州黄君昭道□□□□□□□□□乃顾之诸君曰："景贤利民，于时有赖，不可以不改作也。"乃命同知杨谏辟门于□，易栋以隆规制，虽仍乎旧，而气象增新已数倍矣。但见驼劈诸峰、洋溪二水，沛然而朝，悠然而见。亭奇献秀者，若簪而成；溅白流清者，如潴而引也。

　　既成，通判宋瓛（huán）、推官蓝瑞乃来请曰："某等窃禄于此，不敢获罪于执事。亦以公之风韵犹存，足以激顽起懦，敢乞一言以垂永，示使后之官是郡者。"心之清，泽之远，皆如泉与公焉，则不以惠我民者，岂不大哉？比之子陵祠堂之祀，似亦有□之子，乃为□之。又为□□□公之精神化为醴泉，以寿我民于千万年。遗像俨然，清风载□，后之君子，不如此水。

　　皇明正德十五年秋七月赐进士、文林郎、河南道监察御史、巡按山东，江瑞熊相书。

修范公祠碑①

夏一凤②

　　入青城之境，烟云回合，葱郁之气，蜿蟺磅礴而周折。崔嵬西矗，森茫东萦，窈深洞豁之势，神灵若为之盘踞。莅斯土者，意必有高贤大良出，其文章、政治与风景相喷薄。

---

　　① 此碑，立于青州三贤祠院门外北侧。碑高249厘米，宽92厘米，厚33厘米。碑文为楷书。碑记赞颂三贤功业，叹息祠堂破败之状，记述重修经过，抒发由此而产生的感慨。

　　② 夏一凤：号岐岗，清宁远卫（今辽宁兴城市）人，清顺治十八年（1661）前后任青州知府。他重视文治，对青州地方文化有一定贡献。曾修复三贤祠，并撰记立碑。

予始入其境，即访其遗迹，求所以不朽于斯者，始得范公文正，继得富公文忠、欧阳文忠焉。三君子者，勋业事功，炳焕宇宙，闻其行者，若舌之于饴，如心之于九。

登斯城也，聆往事之未虚，念前贤之已化，靡不慨然兴叹。山川犹故，风日依然，□日□歔，歌咏之致，若□□□□□，此巍巍雉堞，于云山烟水之间，叹今昔之悠悠，悲推迁之忽忽。则是斯城，得藉凭吊三贤以垂不朽，每一念之，未尝不怆然也。

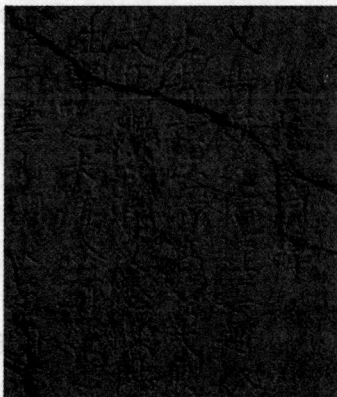
修范公祠碑局部

城之西隅，旧有范祠，后移二公并祀于此。公事之暇闲，一至此地，荒蒿凝砌，梁壁倾欹，樵牧踞为憩场，牛羊恣其狼藉。树婆娑而欲倒，像剥落以将颓。鸟乱春风，粉蚀苍苔之径；蛛封静牖，烟笼夕月之扃。予益心伤焉，而不能已也！于是捐积俸，为群工，葺其驼陊，增其缺略，饰以雕槛，周以杂花，芍纷传香，为神灵游衍之所。指画目注，阅半岁而毕事焉。

呜呼！前人之湮，后人之耻也。予承乏兹土，凡生于兹治于兹者，抚循发扬，皆予之责。使前贤遗迹与衰草摧株同一腐败，后之访古迹者，欲瞻依而不得，徒致憾于劫灰之仍在，海田之变更，是则予之咎也。昔颜真卿知抚州，继来者为公置祠。思公之遗行者，往往枉道修谒。一名贤在治，使弹丸之地系人之思念如此，矧济济如青城者乎？若曰：是城赖三君子以重，而予借是祠以冀不朽，则岂予之所敢哉？

即落成，敬勒于石以志。

岁月大清顺治辛丑岁孟冬月毂旦①三韩夏一凤书

---

① 毂旦：美好的早晨。"毂"：善，好。代吉日。

附 郡伯夏公德政碑记①

出郡门而西，旧有范文正公祠，门前有井，曰范公井焉。继移富文忠、欧阳文忠公二祠，又曰三贤祠。大宋昔兴，后先踵起，仁感翔海表，威云震边区，所谓经纬乾坤，荣享宇宙者？殆未祀以悉数，然其时皆莅我青为名刺史，祠以祀之由来尚矣。历明及清，浸远灭废，仅有范公之遗像存，举向之称三贤者率已泯焉，而弗致考，焉而弗详，而况乎风剥雨掩，石圮木坏，土崩泉咽，草荒烟冷之状，则又其□□□□□。

岐岗夏公来守是邦，盱今念古，慨然修葺。其中堂东坐面山，即所谓范公祠者，□□先施，冠珮之容肃然，富、欧二公左右峙，皆特置祠西向，略如中堂，堂内像亦然。亭以覆井，而藻粉过之。又左右各置庑以护堂，中堂南北置二门，入门则高台踞焉，轩厂疏朗，台左右又置庑以护台，格如前。仍旧者十三，增益护栏，而坚固者十七耳。真兴悉竭心力，郡人感公、颂公，且欲留公以不朽，故嘱余文以记之。

余乃避席而起曰：我公其有高世之志者乎？仕官而致勋名，富贵而祀廊庙，人情所至，慧顽一辙。至若云门奇秀一景，寒岩层石，□□所一，岂只与幽人隐士相期许于云霞洞水之外？公特独具青眼，庇林启径，脉引线悬，往来道出，奇松怪桧如翠滴，如云凝，如龙蛇走。人之足而及者，辄踞一筑石，起旧增新，或立或列，或圆或方，□□□□□□□异，不可殚述。其有德于青州甚大，今又勤访前哲，俞咨故者，□酌前道后，渊□□命□窍。义之林籁，高□□□，增修庙貌，广□□□□□之□□之□□，□秀之观，除其上，以为延宾之圃，舍其□□□封守之禁，所延往辉，奕世播芳，烈□遗风，故而弥新，遐而不没，其有功于贤达者甚远，实多可与三贤

并容而共祀者，同类而祖之也。余高其志，而为之记，□□亦□□三贤祠而传其不朽，然无遗憾欤！

时顺治十八年岁次□□（辛丑）腊月□□十有八日毂旦赐进士第、山东等处承宣布政使司右布政使，礼科、吏科给事中房之骐顿首拜撰

吏部右侍郎冯溥赐进士翰林院庶吉士翟延初

原任□□知府陈三谟江宁府知府王玉生

户部广西司郎中钟锷江西赣州府同知郭心印

刑部□□□□郭懋勋刑部□□□□□□、常州府推官毕忠吉

乙丑进士王承露陕西□阳知县唐玠知州房可立

候选知县房凯□□科举人孙廷铎候选知县高梓

候选知县翟延□候选通判冯涵候选知县冀化龙

官生冯抚世候选都察院□□房星长

候选□□冯灏官生冯□□□□□□□□□□□□□□

碑阴：

吏部尚书孙廷铨钦差巡守广东岭西道右参政赵进美

原任河南道御史赵班玺进士教授张联祺

原任五河县知县王建枢原任陕西驿传道副使翟文贵

官生房星聚□□□□□□□□□□□□

重修范公祠记①

张连登②

公祠在城西。考史传：宋仁宗朝，公尝为外吏，其守青也，殆于是时与？公来为郡，仁政既普，有醴泉从井中出，较他泉甘美，又能疗疾苦，英庙时亦尝遣使取焉。至今，医家多贵之。公去后，民怀其德，建祠以祀。中殿立公像，而东西（当为南北——笔者注）夹辅欧阳文忠、富郑公二公之祠，盖欧、富二公亦尝守青也。

康熙三十八年己卯，余受替是土视事。后谒公祠下，见殿宇颓圮，诸祠皆废，慨然以叹。乃倾橐鸠工，首为葺之，浃岁乃成。自大门以及后宇，靡不新好。其东石台为费更巨，竭蹶将事，土木、丹垩、桑梓之属，难更仆计也。落成之日，以牲醴告奠，而矢以文曰："某之来守青也，愿精白乃心一仪公之型。虽未敢蹑公后尘，然心向往之，愿公灵爽默察而提撕无倦也。"

噫！公之德业、文章、节义、忠爱，昭昭乎，若日月之丽天，江河之行地已。凡为吏，而皆当

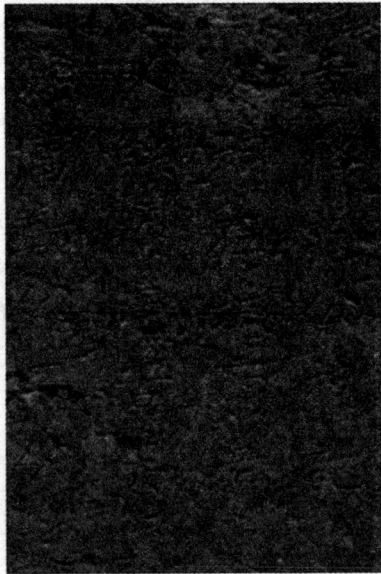

---

① 此碑立于青州三贤祠院门外南侧。高237厘米，宽98.5厘米，厚21厘米。碑文为楷书。该碑记记述重修范公祠的经过，阐述重修之意义。

② 张连登：清陕西咸阳人。光绪《益都县图志·官师志》记述较详。说他"少有经世志"。康熙三十八年（1699）知青州府，时府辖十几县，皆遇严重灾荒。登请免除当年租税，全力赈灾。并以工代赈，修学宫、松林书院、范公祠等，"民赖以苏"。"以事诖误，罢职。百姓呼号罢市，既奉特旨复职，民皆踊跃如归父母"。后升任湖北巡抚。张连登知青州间，重修范公祠，并立碑以志。

青州历史文化丛书

师公之法而率公之教。千百世以下，闻而兴起者犹仿佛遇之，况乎接其所履之地，抚其所治之民。展拜几筵，周览堂阶，恍惚闻其教诲，炙其丰采也哉。余不敏，新公祠而慨然以叹者，不敢自外于私淑之义焉尔。至于夹祀欧、富二公祠，盖仍其旧而匪创也。由今以后，我青之父老升公之祠，如升于衽席之上，而聆其爱养之诚、噢咻之气。青之吏拜公之像，如闻公训迪之语、謦笑之容；酌公之泉，如酌廉让之水，思以洗涤其肠胃，消融其渣滓，则庶几乎！新公祠者，其意为不悉而弗徒以游观侈也乎。乃为记。

时康熙四十五年丙戌夏四月，知青州府事加五级，关中张连登撰记

修葺范公祠碑记①

陶锦②

出青社西门，折而左旋，地不百武，宋范文正公醴泉在焉。公昔守青州时，惠政所感，寒泉一泓涌于阳水之浒，其味甘洌异常，民遂以范公称之。此与严公之濑、郑公之渠，殆后先相辉映者也。有亭翼然以覆，亭之北（当为"东"——笔者注），为祠三楹以祀公，岁久倾陊。顺治初，郡守夏公更修筑之，且辅以两室，左祠富公，右祠欧阳公，亦名之曰"三贤祠"（三贤祠当合建于明末。见本书第□□页注释及本部分《郡伯夏公德政碑记》之说明）。祠之后，即崇基之上构亭，额之曰"后乐"。

当在昔有宋之时，此地已为东阳胜概。溯贤守之风流，娶名泉之景物，观游觞咏，雅集实多。故王圣涂云：环泉古木蒙密，尘迹不到，幽人逋客往往吟诗试茗于其间，真如物外之游也。余瞻企遗像，

---

① 此碑已不存。碑文，摘录于光绪《益都县图志·营建志》。此记追述三贤祠之旧貌，记载修葺之过程，抒发作者之感慨。

② 陶锦：汉军正白旗人，康熙五十三年（1714）知青州府，五十七年重修三贤祠，并书碑记。

慨然兴思，旧德犹存，休声未沬，而栋宇渐以颓圮，丹垩渐以漫漶，几令前贤遗迹废坠而不葺。眷言顾之，余实滋恧焉。粤稽有宋之名卿钜公，出牧兹土者共一十三人，当日之丰功伟绩泽被民社者，莫不与南山同其崪嵂，阳水同其滋沾。

而六七百年间，云烟过眼，旧迹全湮，即富公之冰帘堂，欧阳公之表海亭，亦仅凭指点于荒塍蔓草中。而惟公留此一勺之井泉，十弓之亭榭，少阳黎庶，挹注无械，今谋所以，维新其庙貌，而永郡人之怀思，岂非守土者之责欤？乃于农隙之辰，庀财鸠工，隳者复之，剥蚀者完之，缺者补之，不累月而遂溃于成。营度既毕，堂皇清閟。于是，徘徊瞻溯其间，酌甘泉，荐绿藻，揽东秦之名胜，景前哲之芳徽，能勿慨然而兴思也哉！

重修宋三贤祠记①

张玉树②

国家署令，郡县名宦，皆得附祀于学，其有古迹可考见者，又即其地为专祠，盖不独遗爱在民，亦将俾守土之吏希风往哲，以为前事之师也。

青州西门外百余步为范公泉，有亭覆之，王圣涂《燕谈录》所谓"营邱（原著为"丘"——笔者注）佳处"者也，后人即泉上为祠以祀公（不是"泉上"，而是泉东——笔者注）。而石井水侧旧有富公祠，欧阳公祠在北，后二祠皆圮。本朝顺治中，太守宁远夏君葺文正公祠，增筑二堂，移两文忠公而侠（同"夹"）祀焉，易其榜曰"宋

① 此碑立于范公祠前之左侧。高186厘米，宽65.5厘米，厚16.5厘米。碑文为行楷。碑文抒发了对范、富、欧阳三公的敬仰之情，记述了三贤祠的变迁和本次重修情况。文中说：金石虽坚，不一定持久，而像三贤这样有功德的人，才能流芳百世，为官者应学习先贤，贵在实政。

② 张玉树：字荫堂，陕西武功人，进士。清乾隆四十年（1775）任峄县（今属枣庄市）知县，乾隆五十年（1785）迁胶州知州。有政声。《益都县图志·官师志》写他：乾隆五十四年（1789）由胶州知州署青州府知府。断狱明允，豪猾敛迹。修至圣庙、范公亭、汪公亭、汪公祠，表王沂公故宅。月余而去，士民思之。

三贤祠"。

　　尝考三公守青先后，富公以仁宗庆历六年自郓徙青（应为庆历七年——笔者注）；皇祐中范公继之；欧阳公之知州在神宗熙宁元年，为最后。扳其年辈，则范最在前；富次之；欧阳又次之。今祠奉范公于中，左富右欧，礼亦宜之也。北宋之世，青为京东大州，出守者自寇忠愍、曹武穆以下，名公十数，而三公德业犹著。富公活流民五十万人，齐州禁兵欲应王则，亦赖公先发以弥其变；欧阳公当新法之行，请止散青苗钱，几至获罪，其遗爱于青殆与富埒。而范文正公少时寓籍长山，数往来淄、青间，今长白山醴泉寺及博山之秋口皆有范公泉，而青州泉亭独为晚年宦迹。二百里内相望而三，则青人之画像立祠以事公者，何遽不若邠、庆二州之民乎？

　　今年三月，余假守青州，过谒祠下，拜范公画像，汲泉而饮之，门垣亭堂倾颓已甚，时方谋修府学未暇及也。闰五月，嚮□将竣，始以其余力庀材泉上，为堂者三，为亭者二，为门者一，绕垣若干丈，咸砌而新之。功垂成，余适去任将还胶州，乃属辞留畀石师，使刻之。

　　抑余尤有感焉。《燕谈录》称，欧阳文忠公及刘贡父、张禹功、苏唐卿皆刻石亭中。《齐乘》亦云，金人有醴泉碑。今无一存者。则余所刻石，他日为柱樀，为令□，亦付之不可知之数而已。士生当世，唯立德、立功可以不朽，而金石之坚，为不足恃，若三贤者，虽与青之山川同久可也。然则，后之人欲希风往哲，其在修实政哉，其在修实政哉！

　　赐同进士出身、奉直大夫署青州府事、胶州知州、武功张玉树撰
　　原任甘肃鞏昌府通渭县知县、胶州冷文炜书丹
　　乾隆五十四年岁在己酉七月乙酉朔廿一日乙巳刻石仇中选

重修范公祠亭碑记①

毓升②

功有足以□乎当时，惠有足以遗乎后世，史载其业，人饮其德，赫然之名，耀于简册而铭乎旗常，斯可谓天子之重辅、百代之宗臣也，宋范文正公实可当之。

尝读其传，公至处有恩，邠、庆二州以及属羌皆有生祠画像祀之。公守青时，有醴泉出洋溪侧，公构亭于上，青人目之曰"范公亭"，因祠焉，画像祀之。像至今存丛林法庆寺，实公生祠也。是以今之任是土有惠泽于民，有置其主者也。传之，泉水可合药疗疾。醴泉者，水之精也，润及草木皆茂，故令人寿。孙氏《瑞应图》已言□□。所以，刘宋《律志》序曰："道至天而甘露下，德洞地而醴泉出"也。

亭在洋溪侧，为骚人墨士觞咏之所。岁丁巳间，协戎廉池公觞客于此，因仰先贤遗迹，而其亭又就荒圮。亭其可废乎？盖其意有深存者焉。即与载都使□□□张刺史捐廉修葺之。今十四年矣，予小子于亭前咫尺地，犹见晤于羹墙③。然恐亭柱日久剥蚀泯没，先子□□，因易之以石为柱，并轮奂丹艧，无不具饰。时太守闫公、刺史刘公并力□之，谓其有关风教也。

工成，客有说予曰："今之任是土者，莫不有所观感而兴也。史载：元昊反，公任西事，筑城御贼，截然屹立，贼不敢犯。前任益都徐公尝效之，当丁未年，南匪肆虐于兖、徐间，即预修城垣以备缓急，贼至时，乡民避害于城者，岂仅活亿万生灵也！然乡民至今德徐

---

① 此碑立于范公祠前之右侧。宽70厘米，高182厘米，厚18厘米。碑文为行草，题为《重修范公祠亭碑记》，而碑额书为"重修范公亭词"。碑记赞颂范公业绩，记述清咸丰七年（1857）、同治九年（1870）修葺范公亭的情况。

② 毓升：满族，吴姓，官至协领。

③ 羹墙：羹，羹汤；墙，墙壁。从墙壁上，从羹汤中能看到所敬慕人的影子。比喻对先贤的思念敬慕。范晔《后汉书·李固传》："昔尧殂之后，舜仰慕三年，坐则见尧于墙，食则睹尧于羹。"

公，不知其希风先哲行其事也。至今，人皆能至心尚之前，所谓功名盖世，史载其业，□□遗芳，人饮其德，其亦卒成文正先忧后乐之志，吴君此举，其振风教以昭来者，是为青人之所系赖，岂小□□立不朽之功德，盍记之。"予曰："此先子之志，予何有焉，不朽之名又岂予所敢望？"徘徊久之，即以客之所言而为记。

青州驻防前锋翼长、镶红旗佐领毓升撰并书丹

同治九年岁次庚午五月潍邑季式中刻字

重修三贤祠碑记①

范家祜②

益都西，城门外，地近城市，景绕林泉，胜境也。范公井为先贤遗迹，邑人之尤乐称道。其东数十武，则三贤祠在焉。始盖祠因井立，祠既立，而井丽乎祠矣。复有丽乎祠者，则清咸同间太守二王公之祠。是遗爱在人，尸祝无替，此见民情，独胜境也乎哉！

丙辰春，余奉檄来知县事，公余一再至，心向往之，以为三贤尚已，即二王公之俎豆一郡，亦必非偶然，何莫非临民者之师表？特岁久祠敝，急待修葺，以时事方棘未暇也。逮秋稍纾，属邑人士而谋之，佥曰："是不可再有所待，其捐俸为我辈倡！"余如言，驻邑军营长官、省立三学校职教员及侨寓诸君亦各解囊相助，而役亦兴。役未竟，邑人士复进而言曰："二王公祠，前者圮矣，木主尚无恙，后者较完而塑像非复旧观，盍但即较完者葺之，而易像以主移前，王公之主合祀之。其守备金公一主，则旧所坿也。"抑又有进者："志乘所载，耳目所及，自乾隆迄宣统，遗爱在人者何止三公？若周、姚、赵、陈、陶、夏、李七公者，职位虽殊，遗爱则一，合祀之，益二为

---

① 此碑立于澄清轩前西侧。宽96.5厘米，高172.5厘米，厚23厘米。碑文为楷书。此记记述重修三贤祠的经过，以及因此而生发的由衷慨叹。

② 范家祜：广西桂林人，1916～1917年任益都县知县。碑上署名已被凿去，笔者据志乘补之。

十可乎？其断自乾隆者，详近略远之意，非谓前者诸公皆不七公若。"

余曰："善，好为之，役竟复以勒石之文，请役之颠末，既可略述，因有感于官民之相与矣。夫官民相与，上焉者相亲爱也

近也；其不相亲爱而远者，犹不得遽谓之下。惟以反乎，亲爱者加之民，致民不觉其远而常苦其近，斯为下。则不相亲爱而远者，其罪未减矣；相亲爱而近者，其惠无疆矣！三贤尚已，十公者亦皆其选，益固若是之，多名宦哉，未已也。府县学名宦祠中，学校十三贤祠及各专祠、生祠，殆十倍于此。此之祀，特偶借以为林泉生色耳。益固若是之，多名宦哉。民国以来，人有恒言曰：专制共和名之，最不美者，莫如专制；最美者，莫如共和。昔者，一人专制于上，群吏专制于下，吏当无良。无良而千百中偶有一二，遂祀之乎。今者，一人共和于上，群吏共和于下，吏当无不良。无不良而祀不胜祀，遂不祀乎？然此特信名之说，核实恐未必然。惟为共和作吏者，勿徒高共和之名，而忘其实，俾良吏不减于专制，倍多于专制，各有以系民思焉。余不才，窃以是自勉，尤愿与从政诸君共勉之。"

益都县知事桂岭范家祜撰记邑后学鲁廷基书丹
中华民国六年岁次丁巳三月中澣榖旦①

题范公泉诗碑②

刘时敩③

范公亭子城之西，石甃清泉霁色迷。
地下疑通沧海窍，檐前长护白云低。
东西土共沾甘泽，亿万年来镇古齐。
览罢不堪回首处，数声山鸟傍人啼。

---

① 澣（huàn）：同浣，以前规定，官吏十天一个休息日，把每月分为上浣、中浣、下浣。后来成为上旬、中旬、下旬。

② 此碑立于范公祠院内、澄清轩门右旁石台上（其诗嘉靖《青州府志》有载）。碑宽72厘米，高123厘米，厚23厘米。碑诗为草书。

③ 刘时敩（xiào）：明四川内江人。天顺八年（1464）进士，官至山东按察司使。擅诗文和书法。

成化八年春二月望旦之吉，赐
进士第、奉议大夫佥山东按察司事，
内江刘时敩拜题。

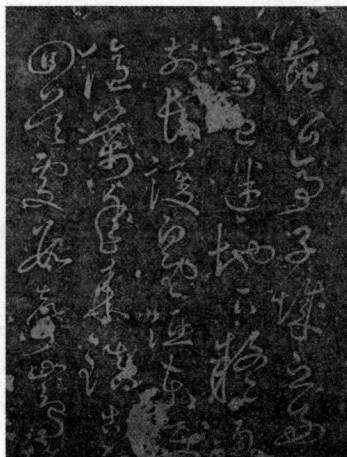

范仲淹知青州

FAN ZHONG YAN ZHI QING ZHOU

谒范公泉诗碑①

石渠②

□□□□范公泉，彻底清流应碧天③。
大宋有功真宰翰，清朝遗迹重名贤。
当时汲引多沾思，此日沉疴当可瘳。
驻节渴思来满饮，濯缨几度漾轻涟。

赐进士出身奉议大夫山东按察司佥事□阳石渠翰卿书于成化十年
冬十月。

---

① 此碑嵌于澄清轩东山墙外侧。碑宽81.5厘米，高174厘米。碑字为行草。
② 石渠，字翰卿。
③ 应（yìng）：物相应。清流与碧天相应。

游范公泉诗碑①

张盛②

吊古山城下，风清暑气微。
甘泉澄素色，孤馆映斜晖。
适意尝春茗，乘凉解葛衣③。
喜游先哲地，薄暮始言归。

予观风至青，览范公泉。文正公去世数百年，九原不可作矣。聊用前人韵和此，以寓景仰之意云。

成化丁酉夏四月望后。布政司左参议宜兴张盛题。

---

① 此碑立于三贤祠范公井旁（其诗嘉靖《青州府志》有载）。碑宽50.5厘米，高101厘米，厚15.5厘米。碑诗为楷书。

② 张盛：明江西宜兴人，天顺四年（1460）进士。成化十三年（1477）任山东布政左参议。诗为张盛游览范公亭时所作。

③ 解：有本作"觧"，此依明嘉靖《青州府志》卷七。

范公泉诗碑①

陈凤梧②

洋溪溪畔一泓清，天表先忧后乐情。
惠政已占医国手，遗泉犹著活人名。
薰风亭馆来山色，绿树城闉送鸟声。
旋汲绀寒荐新茗，满腔凉思濯尘缨。

予以巡抚至青州，阅视城池。西门之外，范公泉亭在焉。登览之余，为赋一律，以致瞻企之怀。

岁嘉靖癸未闰四月廿四日也。庐陵静厽③陈凤梧题。

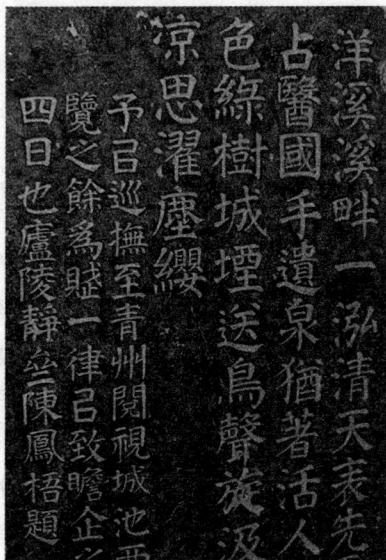

---

① 此碑立于三贤祠院内、范公祠前。宽65厘米，高170米，厚17.5厘米。诗碑为楷书。

② 陈凤梧：字文鸣，明江西泰和人。弘治九年（1496）进士，官至右副都御史。著名诗人。在山东青、沂一带留有多处诗刻。此诗是他巡抚青州时所作。

③ 厽：古"斋"字。

范文正公醴泉井铭碑①

范惟一②

燚彼洋溪，醴泉斯涌，实惟先公，惠政感动。
青人仰公，甃井如珙，液注灵虬，膏凝云缏。
起疾回残，功不旋踵。于万斯年，泽流弥永。
明嘉靖己丑，浙江按察使、十六世孙惟一撰。
闽人四明薛晨书③。□□□□□□□□石

范公泉诗碑④

张元孝⑤

君不见，齐城城西范公井，曾照当年范公影。范公一去不复返，
异时此地成佳境。先贤口泽气尚存，甘棠遗爱谁能屏。貌公遗像龛公
泉，千年恒对驼山岭。惟有此山见此公，后乐不废林泉景。古来豪杰
宦辙经，山川草木皆引领。不独照耀翰墨光，抑且品题丹青炳。顾予
昔忝宗伯省，谐世无术伤骨髓。一年谪宦此羁楼，数向寒泉挽修绠。
冰壶日日漱琼液，涓滴解使心常惺。平生颇味海内水，此与金山可并
骋。膏泽定有鬼神护，清流自与乾坤永。忽复飘然当去兹，泉声引韵

---

① 此碑镶嵌于澄清轩东山墙南角（铭文，嘉靖《青州府志》有载）。碑宽95厘米，高135厘米，厚16厘米。铭文为楷书。
② 范惟一：字於中，范仲淹十六世孙。进士，历任广东按察司金事、浙江副使督学政、河南参政等职。以南京太仆寺卿致仕。
③ 薛晨：字子熙，浙江鄞县人（祖籍闽）。应青州知府杜思之聘，参与嘉靖《青州府志》的编纂。善书。
④ 此碑嵌于三贤祠院内、南廊西墙上。碑宽102厘米，高59厘米，厚16厘米。诗碑为楷书。
⑤ 张元孝：河南汝阳人。嘉靖二年（1523）进士，十三年（1534）任青州同知，体恤民情，为民拥戴。十五年，由青州同知擢礼部郎中。此诗是他临行前，游览范公亭而作。同游者淄川县令李性题记，并同镌碑以立。

若为哽。坎蛙讵测源流深，乌鹊空噪梧桐冷。君不见，古人饮水必廉泉，临流洗耳须清颖。嗟哉此水可洗心，往来祠下宜深省。

太室山人张元孝。

范文正公，忠义感格。虽山川草木，无不效顺。而古青城西有泉，相传为范和药烹茗，味甲天下，人皆知嗜，而太室张公尤酷嗜焉。今荣擢远别，泉若眷恋，是太室以范公自期待，而泉亦以范公应之矣。太室既以此水洗涤，其心犹以为未足而歌终。又欲人洗涤之，诱人同归于忠义，其用心顾不韪欤。因命正人，与失路歌同刻之。

岁嘉靖丙申仲春，循斋李性谨识于左①。

范公祠诗碑②

高应芳③

祠旁有亭，亭中有井，公刺青州时所凿也。居人名之曰"醴泉"，尝为白丸，必汲而用之制，以他水则无效。

　　　　一井凿城隅，千年饮水泽。

　　　　血食祀东人，心胆破西贼。

　　　　伟绩垂汗青，淡薙起长白。

　　　　暮烟锁祠堂，挺挺瞻松柏。

嘉靖甲子仲春之吉，赐进士第、巡按山东监察御史、谷南高应芳书。

---

① 李性：嘉靖十四年（1535）始任淄川知县。

② 此碑已残，字多漫漶，立于澄清轩东山墙东隅北侧（此诗嘉靖《青州府志》有载）。碑宽70厘米，残头高处157厘米，厚18厘米。诗碑为行草。

③ 高应芳：明江西金溪谷南人。嘉靖进士，嘉靖十四年（1535）以监察御史巡按山东，游览范公祠，并作诗立碑。

谒范文正公祠酌泉有感示诸生诗碑①

邹善②

昔闻长白山，清苦无与比。

独抱先忧念，推沟同所耻。

刻竹守瑯琊，敷政资神理。

化迁岁何年，爱遗丹井水。

吊古仰前修，汲福荐簠簋③。

试酌远沉疴，重待净余滓。

惟兹百代人，炯炯照青史。

中庸遴士授，边城朝日起。

捐囊育青衿，市田给族里。

江湖与庙堂，分阴敢自弛。

嗟予及诸生，黾勉迫芳轨④。

毋忘千古期，请从长白始。

明隆庆元年叁夏朔安成邹善书

---

① 此碑嵌于三贤祠东后乐亭后墙南侧。碑宽136厘米，高67厘米。碑文为行草。

② 邹善：号颖泉，明江西安福（今江西省安福县，曾名安成）人。嘉靖年间进士，累擢山东提学佥事，曾视学青州。

③ 簠簋（fǔ guǐ）：簠、簋，皆古代盛食物的圆形器具，祭祀燕享，以盛稻粱。

④ 黾（mǐn）勉：勤勉努力。

范公井诗碑①

高第②

范公井水味甘冽，独异众泉。和药治疾，民生永赖，其珍贵哉，如丹源灵液也。余夙慕公之为人，承乏青宪，始得谒公祠。汲水而饮之，不觉尘襟顿爽，益慨然动百世思云。因识二律。

陌柳含烟二月天，寻春初汲范公泉。

千年遗爱垂青土，百代芳名照汗编。

水自甘澄源不竭，药逢沉痼病都痊。

余惭薄德来分宪，润泽苍生逊昔贤。

又

早遗乐忧契我私，幸从青郭谒公祠。

井泉自古留遗泽，俎豆于今系永思。

愈病岂惟民共赖，流芳真可世为师。

愿言饮水扬清冽，一拜祠前荐酒卮。

万历壬子，青州道副使、平棘高第题

---

① 此碑嵌于三贤祠东后乐亭后墙中间。碑宽 120 厘米，高 65 厘米。碑文为行楷。

② 高第：明直隶滦州（今河北滦州）人。己丑进士，官至兵部尚书。万历四十年（1612）任青州道兵备副使，他为官廉明，持法公正，严惩贪官，体恤百姓。《益都县图志·官师志》写他："刻《吕氏刑戒》以训诸官属，士民莫不感激。"

范公泉诗碑 （四首）①

吕维祺②

独立幽泉冷不禁，千年指点旧棠阴。
清如瀣露甘如蔗，应似活人一片心③。

长白寺前煮粥余，一泓恩泽已随车。
谁知更有真灵液，肘后常县医国书④。

陵谷不知几变迁，如何犹道范公泉？
分明济世源头活，古往今来尽义田。

一瓯清冽不胜甘，普济须同橘井看。
莫怪丹成凭法水，寻思我亦有真丹。

万历乙卯季夏吉日幽谷吕维祺介孺甫题

---

① 此碑立于澄清轩东山墙东隅北侧。高70厘米，宽105厘米，厚17厘米。碑文为楷书。
② 吕维祺（1587～1641）：字介孺，明新安（今属河南）人。万历进士，官至南京兵部尚书。明末名臣，东林党重要成员。
③ 瀣（xiè）露：夜间水气凝成的露水。
④ 县：同"悬"。

冯起震竹与董其昌诗并题记碑①

一派湖州画里诗，娟娟疏筱两三枝。

朝来邗水帆前雨，正是龙孙长箨时。

壬戌春，予北行过广陵，时房侍御以巡方至②，视予竹一卷，嘱余题此绝句。知有青方居士擅长墨君法，不知其长公祯卿妙得真传，如米南宫父子也③。顷韩太史以墨刻见贻④，

乃青方与祯卿使君所合作者。更得扇头石供，气韵萧闲，用墨清润，绝类李蓟丘父子⑤。文苏之后，竹石一派，数东海矣。

范仲淹知青州

FAN ZHONG YAN ZHI QING ZHOU

---

① 此碑嵌于三贤祠院南碑廊之东墙上，4块，其一石刻画面长82厘米，高24厘米。由冯起震画竹，其子可宾写石与水；董其昌题诗题记。此碑之所以存于三贤祠，作者以为有两个原因：一是牵扯名人多，极有资料价值；二是翠竹清风，可喻三贤。

冯起震：生于嘉靖三十二年（1553），崇祯十五年（1642）90岁尚在世。字青方，又字省予，号稷下门生。青州城北孙家庄人。一生隐居教书，不图仕进，善画竹，时称"冯竹"。新编《青州市志》有传。其子可宾，字祯卿，天启二年（1622）进士。官至太常寺少卿。擅于竹石。

董其昌（1555～1636）：字玄宰，号思白，华亭（今上海松江）人。明万历十七年（1589年）进士，官至礼部尚书，卒谥文敏。明代著名书画家、绘画理论家。

冯起震画竹首有题款曰："丁卯春日，北海七十五岁村翁冯起震笔"；而董其昌的题记是"壬戌春"。壬戌年为天启二年（1622），而丁卯年为天启七年（1627），由此看来，写竹在后而观竹在前，似不成立。所以房重阳先生考证，董其昌诗"是为房侍御（益都房可壮）而作"（见青州文史资料第21辑——《青州记胜》）。因此，画竹与题诗题记很值得研究。

② 房侍御（1579～1653）：即房可壮，字阳初，号海客，明末清初要臣，益都（今青州市）人。万历进士，官至左都御史，为官清正，史称"弹劾奸邪，不遗余力"。

③ 米南宫（1051～1107）：即米芾，北宋著名书画家。

④ 韩太史：即韩敬，明代归安（今浙江省吴兴）人，万历三十八年（1610）状元，是当时名流。此竹石画董其昌题记后附其诗一首："石骨倚崔嵬，篁心映碧苔。嗤他大小李（即李思训父子——作者注），人物共楼台。"后韩敬追随魏忠贤，为正人所不齿，崇祯二年（1629）后冯氏父子作画，便不用韩敬的题诗了。

⑤ 李蓟丘：李衎（1245～1320）：字仲宾，号息斋道人，元蓟丘（今北京市）人，称李蓟丘。皇庆元年为吏部尚书，拜集贤殿大学士。追封蓟国公，谥"文简"。善竹，初师王庭筠，继师文同。

天启飞龙碑范公井泉诗①

柴寅宾②

当年划粥任神州，一担平将天下收。

蕴藏甲兵指日驭，芳余井干饮？流。

泉心月印冰澄玉，木末亭封虹舞楸。

羽檄只今旁午日，何人铃阁抱先忧③。

题范公泉诗碑④

许日强⑤

□□先祠倚雉城，

蒸尝累世誉铮铮。

苍山半绘遗清色，

娇鸟如赓后乐情。

门外曲流滢夕照，

望中平野带春耕。

漫夸人物绝当代，

膴沸千秋惠泽宏。

---

① 此碑立于范公祠后，纪年是天启秋月。碑断，粘接而立，碑文漫漶不清。宽
86.5厘米，高194厘米，厚15.5厘米。诗共四首，此其一。

② 柴寅宾：《益都县图志·官师志》有简介。长垣（河南东北）人，进士。万历
四十一年知青州（《图志》括注：疑误）。心存瑞恪，政尚宽平，果敢任事，而精力足
以运之。澌洗冤狱，能伸民隐，有李某，为豪强诬陷，狱已成。寅宾廉知其冤，出之，
反坐豪强，一郡慑服。岁大旱，虔心布祷，澍雨辄足，有天生瑞芝之祥。犒戍卒，练乡
勇，除浮税，禁侵渔，礼贤下士，善政不可胜举。论者以为综核微密似魏弱翁，服儒
雅，兴学立教，又如文翁云。

③ 铃阁：指翰林院以及将帅或州郡长官办理事之所。

④ 此碑嵌于三贤祠东后乐亭后墙北侧。碑高40厘米，宽85厘米。碑文为行楷。

⑤ 许日强：山西曲沃人，时任青州府通判。

十二齐封第一泉，

松楸环抱锁云烟。

方疑月影幽沉应，

旋讶镜光飞上天。

一泓澄泓涵不涸，

九霄沆瀣散无边①。

汲来多少烦疴起，

何但盟心指水前。

青州多贤守，而范文正公则文卓绝一时，风流千古者矣。承乏来兹，佑理钱穀，登亭枢拜，遗范凛然，短述不工，志钦慕之私耳。

岁崇祯丁丑秋月，青储曲沃许日强识。

益训安德李枝盛书②。

三太守祠诗碑③（有小序）

叶先登④

青郡西城下洋溪上，有宋范文正公祠。祠前有亭，亭中有井，其泉味甘气厚。郡人取此水合白丸子，治瘫痪最验。考青志，公庆历（当为皇祐——笔者注）中知青州，有惠政，洋溪侧出醴泉，因构亭其上，郡民遂名范公井。井以公重耶？抑公以井重耶？岁久，庙貌不修，取水者皆市佣杂沓，亵神实甚。

顺治辛丑秋，郡大夫夏公以岁事瞻谒，慨然曰："是予后人之责

范仲淹知青州 FAN ZHONG YAN ZHI QING ZHOU

① 沆瀣（hàng xiè）：夜间的水气。有清凉洁净意。司马相如《大人赋》："呼吸沆瀣兮餐朝霞。"

② 李枝盛：德州人（明洪武元年安德县入德州），书碑时任益都县训导，崇祯十年（1637）任。

③ 此碑原立于三贤祠院内、西廊北头，今已嵌入墙内。高45厘米，宽168厘米，厚9厘米。诗碑为楷书。

④ 叶先登：福建长泰人。清顺治九年（1652）进士，康熙元年（1662）任青州府通判。擅书法。编纂《颜神镇志》。

也。"夫遂捐俸新之，不匝月而堂庑告成。洋溪西岸，旧有富、欧二公祠，皆以守青遗爱而专祠者，亦仅歆觑于颓垣丰草中。大夫复移建东岸，与范祠左右并列（三贤祠当合建于明末。见本书第□□页注释）。肇革轮奂，久为一郡之胜，而三公数百年之德泽，复赫濯于今日之人心。非我大夫之廉明慈惠，有与三公暗合符节者，曷能表章若此耶？预知后之视大夫，亦犹今日之视三公也矣。余幸从大夫之后，欣逢其盛，作诗三章纪之（只收录"范公祠"）。勒于祠壁，俾后之入祠瞻拜者有所考焉。大夫讳一凤，字岐岗，辽之宁远人，由拔贡出身。

范公祠

公讳仲淹，字希文，姑苏人。庆历间（当是皇祐——笔者注），以龙图阁直学士（当是户部侍郎——笔者注）知青州。惠政及民，瑞应醴泉，遗井尚在。

宋朝人物首推公，青社于今尚报功。
祠傍荒坤留锁钥，泽存甘醴惠疲癃。
几经易代封苔藓，赖有传人式鼓钟。
铸富陶欧联一德，羹墙心法又遥通①。

---

① 羹墙：见本书本部分第86页注释。

范公井亭诗碑①

方亨咸　张能鳞②

范公亭子洋溪滨，密竹高楸石甃新。
千岭云屏门对雪，一泓寒玉砌无尘。
岁忧只了当年志，惠泽犹贻此地人。
郑国祠堂邻涧近，一同遗像肃宗臣。

龙眠方亨咸题并书

一

饮井思源问水滨，宋贤俎豆至今新。
只知丘甲争寒冽，□宝珠玑绝渺尘。
余渴频年□有道，羹墙异地鉴闻人。
清泉切遇朝宗处，洙泗应收一辅臣。

二

郁葱佳气渑之滨，曲抱城隅景倍新。
乔木犹传召伯荫，清光应洗庾公尘③。

---

① 此碑嵌于三贤祠碑廊西墙上，宽122厘米，高37厘米，厚12.5厘米。碑文为行草。从张能鳞任青州府兵备海防道的时间看，此碑当立于康熙十四年（1675）或稍后。

② 方亨咸：字吉偶，号邵村、心童道士。安徽桐城人。顺治四年（1647）进士，官御史。能文，善书，精于小楷。

张能鳞（又作"麟"）：字玉甲，又字西山。顺天大兴（一作宛平）人。顺治四年（1647）进士。康熙十四年（1675）任青州府兵备海防道。后升四川按察司副使。

③ 召伯：周文王庶子，周初政治家。因其采邑在召（今陕西岐山西南），故称召伯，亦曰邵公，召康公。他曾辅佐文王灭商，支持周公东征平乱。

庾公：庾亮，字元规，东晋颍川鄢陵人。历官三朝，权倾朝野。《世说新语·轻诋》记载："庾公权重，足倾王公（导）。庾在石头，王在冶城坐，大风扬尘。王以扇拂尘曰：'元规尘汙人。'"

一方亭子函真派，千古祠堂见正人。

求□□□天下事，只今谁不□王臣。

三

清泉冽冽映河滨，冠带须眉久应新。

祠宇松楸留远荫，□栏□璧静纤尘。

当年□涤开宗匠，今日□源景哲人。

品□不□光有宋，孔林应更得□臣。

北平张能鳞题次邵村年兄韵

范公台碑①

李奉翰

　　此碑立于澄清轩后，宽97厘米，高49.5厘米，厚14厘米。"范公台"三个大字为隶书，端庄圆润，清晰可辨。

---

① 详情见133页文。

范公井亭柱联①

井养无穷兆民允赖；
泉源不竭奕世流芳。
四境著闻行所无事；
千年遗址因其自然。

范公联碑②

冯玉祥③

兵甲富胸中，
纵教他房骑横飞，
也怕那范小老子；
忧乐关天下，
愿今人砥砺振奋，
都学这秀才先生。

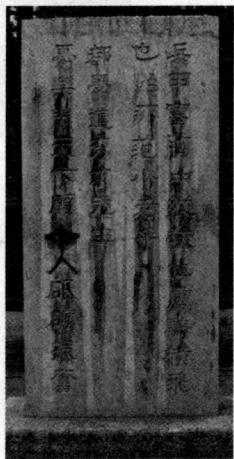

---

① 第一副楹联镌于范公井亭西侧的两石柱上；第二副镌于井亭东侧的两石柱上。
两副楹联对仗工稳，含义深刻。

② 冯玉祥于1934年5月来青州城，在山东省立十中（今青州一中）作讲演，宣
传抗日。又瞻仰三贤祠，题留这副著名对联，刻石立碑。"文化大革命"中原碑被毁
（残碑立于澄清轩东山墙东侧），后按原规格复制。碑宽115.5厘米，高235厘米，厚21
厘米。碑联为隶书。

③ 冯玉祥（1882~1948）：安徽巢县人，字焕章。著名抗日爱国将领。

《岳阳楼记》碑

武中奇①

20世纪80年代，武中奇到青州（时称益都），全文草书范仲淹的《岳阳楼记》。后刻于6块石碑，嵌于三贤祠院内南廊墙上。

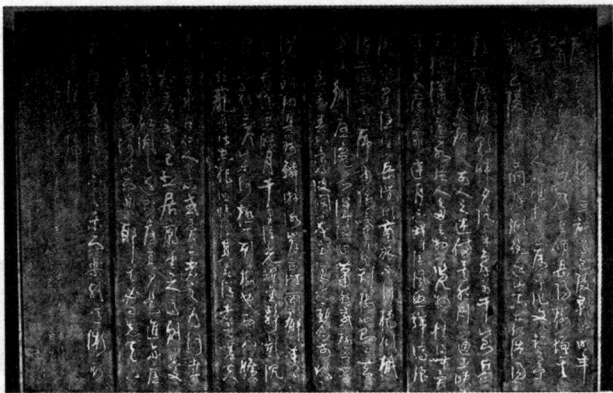

① 武中奇（1907~2006）山东长清人，当代著名书法家。真、草、篆、隶均有深厚功力，书风气势浑厚，挺拔苍劲。

七、范仲淹知青州论述

多年来，著者一直坚持关注范仲淹的研究。20 世纪 90 年代以来，又不断参加全国性的有关范仲淹思想的研讨会。会上多次发言，今把事涉青州的部分论文，收录于下。

（一）从范仲淹知青州看其晚年思想

北宋著名的政治家、军事家和文学家范仲淹，于皇祐三年（1051）初以户部侍郎知青州，充淄、潍等州安抚使，时年 63 岁①。范仲淹知青州时，"年高气衰，日增疾恙，去冬以来，顿成赢老，精神减耗，形体尪弱，事多遗忘，力不支持"②。皇祐四年正月，范仲淹获准徙知颖州。五月二十日，途至徐州，病逝。

范仲淹知青州的时间是很短的，而且是他人生旅途中的最后一站。然而，范仲淹在青州表现出来的却是屡遭贬谪而不颓败，抱老病之躯而不丧志，充满着忧国忧民，老骥伏枥，壮心不已的阳刚之气。可以说，范仲淹在青州留下的是"夕阳无限好"的辉煌晚照！因此，从范仲淹知青州的所作所为来研究一下他的晚年思想，对于了解范仲淹的一生，对于丰富范仲淹的研究成果，对于激励人们保持晚节、为国利民，对于加强廉政建设，都是极有意义的。

---

① 《范文正公全集·年谱》。
② 《范文正公全集·陈乞颍亳一郡状》。

范仲淹知青州仍存锐意改革的进取精神

我们知道，范仲淹在《岳阳楼记》中提出了"先天下之忧而忧，后天下之乐而乐"的人生观，述说了"居庙堂之高，则忧其民；处江湖之远，则忧其君"的为官处世的准则。在宋仁宗庆历三年（1043），范仲淹任参知政事（副宰相），可谓"居庙堂之高"，他体察国事民情，与富弼、欧阳修等锐意改革，提出了整顿吏治、加强武备、发展生产、减轻徭役等的《答手诏条陈十事》，颁行全国。这是他忧国爱民、励精图治抱负的一次积极实施，但是由于大官僚、大地主阶级的极力反对，"庆历新政"很快就失败了，范仲淹等改革派被贬为地方官。以后他又多次遭贬，辗转易地多处。一般来说，处逆境为保身而隐退者居多，更何况范仲淹在风烛残年之时来到了青州！但是，范仲淹却身处逆境而壮志犹存，改革图治之心不泯。他到青州上任不久就上书谏言，只有"守宰得人"且"政举"，"则天下自无事矣"①！这与他在"庆历新政"中提出的有关吏治改革的主张是完全一致的。

另外，范仲淹在青州期间还写下了不少诗篇，例如《石子涧二首》②，就是他改革图治思想情怀的抒发和表露。诗是这样写的：

一

凿开奇胜翠微间，车骑笙歌暮未还。
彦国才如谢安石，他时即此是东山。

二

飞泉落处满潭雷，一道苍然石壁开。
故老相传应可信，此山云出雨须来。

---

① 《范文正公全集·年谱》。
② 《范文正公全集》卷7。

石子涧，旧址在今青州城西南，原是一处瀑布。《水经注》这样描述这里的景观："三面积石，高深一匹有余，长津激浪，瀑布而下，澎晶之音，惊川聒谷，漰渀之势，状同洪井。"① 诗中写的彦国即富弼（富弼，字彦国），他曾在石子涧侧建亭祈雨，后人遂称此亭为"富公亭"②。

范仲淹继富弼之后知青州，到石子涧游览，睹物思人，触景生情而成诗。在诗中，他高度赞扬富弼有东晋谢安石那样的才能，激励他等待时机以整顿朝纲，把石子涧作为"东山再起"的地方！他写瀑布冲开石壁，飞流而下，激荡池潭，声响如雷，加之风起云涌，山雨欲来，好一派非凡的气势！这分明是他在呼唤时势风云的变幻，期望改革图治的大好形势到来，这分明是他希望像富弼那样以雄才大略力挽狂澜，兴利除弊，改革朝政！范仲淹这位"忧乐关天下"的政治家，在宦海失势迭遭贬谪之后，在年华迟暮老病交困之时，尚能老骥伏枥，力图进取，这种精神，这种政治家的风度，确实是十分难能可贵的。

从史书得知，富弼知青州时，范仲淹知邓州、杭州，两人虽居异地，但心心相印，时有诗词唱和。范仲淹在其《依韵答青州富资政见寄》中曾这样写道："直道岂可安富贵，纯诚惟欲助清光。龚黄政事追千古，齐鲁风谣及万箱。"③ 他主张以"直道"和"纯诚"帮助帝王建立清明的政治，建树龚遂和黄霸那样的千古业绩。他虽遭贬，"处江湖之远"，但仍存一片丹心，以天下为己任，用"直道"和"纯诚"对待国事，报效朝廷。当然，他是把建立清明政治的理想寄托在像尧舜那样的"明主"身上的，"亲逢英主开前席，力与皇家正旧章"。他在给富弼的诗是这样写的，在青州他还写过一首《尧庙》的诗，也反映了这一思想。

---

① 郦道元《水经注》（王国维校）。
② 清光绪《益都县图志》、新编《青州市志》（南开大学出版社 1989 年版）。
③ 《范文正公全集》卷七。

千古如天日，巍巍与善功。

禹终平泽水，舜亦致薰风。

江海生灵外，乾坤揖让中。

乡人不知此，箫鼓谢年丰①。

　　尧庙，旧址在今青州城西北4公里处的尧王山上。《水经注》引《从征记》载："广固城（青州古城，建于西晋永嘉五年，废于东晋义熙六年——笔者注）北三里有尧山祠，尧因巡狩登此山，后人遂以名山，庙在山之左麓……"范仲淹知青州时，登尧山，谒尧庙，写下了以上这首感遇诗。《史记·五帝本纪》记载："帝尧者放勋。其仁如天，其知如神。就之如日，望之如云。富而不骄，贵而不舒。黄收纯衣，彤车乘白马。能明驯德，以亲九族。九族既睦，便章百姓。百姓昭明，合和万国。"帝尧以天下民众之利为重，有以天下为公的伟大胸怀，深得百姓拥戴。在这里，范仲淹借古喻今，热切地希望能够出现像尧舜那样的圣明帝王，殷切地期望宋帝任用贤能，致力改革，除弊兴利，造福于民。这首诗，是范仲淹"致君尧舜上"，"处江湖之远，则忧其君"思想的表露。在范仲淹身上，忠君、爱国、廉政、爱民得到了和谐的统一。由此可见，范仲淹的一生，是忧国忧民，力图除旧布新，振兴华夏，并且为之做了极大的努力，直到老死而不改初衷的一生。但是，历史证明，他的这种良好愿望是难以实现的，"庆历新政"失败后，继之是王安石变法的失败，北宋王朝就在内外交困风雨飘摇中覆灭了！范仲淹也只能含恨于九泉之下！宋代的改革历史，对今天的改革也不无启示。

---

　　① 《范文正公全集》卷七。

范仲淹知青州勤政爱民的思想仍熠熠闪光

　　勤政爱民是贯穿于范仲淹一生的一条红线。他不仅"居庙堂之高，则忧其民"，而且无论到哪里做地方官，都把劳动人民的疾苦放在心上，以实际行动实践自己的抱负。在泰州，修"捍海堤"；在苏州，治理水患；在饶州，兴学办教育；在杭州，以工代赈救灾民……在青州，他虽已到垂暮之年，但仍事事以民为怀，处处急百姓所急。他刚到任上，"岁饥物贵，河朔流民，尚在村落，因须救济"，他便奏请朝廷把军仓中的粮食留足一年军需，其余全部用以救济饥民①。还有，北宋赋税仍沿用前代"支移"苛法，朝廷令青州的田赋运到博州（今聊城）缴纳，迢迢千里，人畜盘费全需自备。民众为长途运输犯愁。范仲淹探明博州的粮价并不高，就下令把田赋粮折价交款，派员携款到博州购粮。因价格优惠，售者踊跃，不到 5 天就购足了，还剩余数千缗钱呢。范仲淹令把余下的钱又如数按等差全部退还给了农户。州民感激，"青民以立像祠焉"②。范仲淹在青州对税制的改革，实际是运用了管子的"轻重之术"，成功地运用了价格杠杆的作用，收到了一举三得的成效，既平抑了粮价，又免去了州民"支移"之苦，还帮助州民度过了青黄不接的艰难时节。这充分体现了范仲淹的过人胆识和行政智慧，也反映了范仲淹时时考虑为黎庶谋福祉的伟大人格和可贵精神。学者王德毅论及此事时写道："宋代希进要名的地方官，往往在收税时多取于民以求结存，名曰'羡余'，积至一个相当的数目，就呈献给朝廷，以博得皇帝的奖赏，早日迁转，而仲淹不此之图，反而取于民者还之于民，其廉洁正直之操，不能不使后人给予无限的赞美了。"③ 范仲淹知青州期间，深得州民和吏属的爱戴，藏书总管、画家米方要给他画像让人瞻仰，他坚决不许。米方找机会

---

　　① 《范文正公全集·年谱》《青州市志》。
　　② 见《五朝名臣言行录》卷 7 引范镇《东齐记事》。
　　③ 《范仲淹研究文集二》51 页，人民出版社，2003 年版。

借着月光在窗外给范仲淹画了一张灯下阅公文的肖像。范仲淹得知后，令米方交出，严肃地说："以后作画，不可随意为官员画像，更不要画我，要多画名山大川！"他当众把画像烧毁了。由此可以看出，范仲淹忧国爱民而不图名利的坦荡襟怀和高尚品格。

范仲淹之所以有勤政爱民的高尚情怀，是因为他具有"民本"思想。这从他写的《君以民为本赋》和《政在顺民心赋》等文章中可以明显看出，他曾这样写道："先哲格言，明王佩服，爱民则固其根本"，"谓国之保也，莫大乎群黎"，"顺民心而和平"。从范仲淹刚到青州所写的《青州谢上表》，我们也可以看出他的这一思想。他在《青州谢上表》中写道："海岱之区，地望攸重……逾励凤宵，虔分旰昃，体九重之深造，安千里之含生！"① 在青州，他勤勤恳恳，为民分忧，虽是夕阳一照，却给青民留下了无限温暖，真可谓惠政遗后，千古犹存。《渑水燕谈录》中有这样一段记载："皇祐中，范文正公镇青，龙兴僧舍西南洋溪（即南阳河——笔者注）中有醴泉涌出，公构一亭泉上，刻石记之。其后青人思公之德，名之曰'范公泉'。环泉古木蒙密，尘迹不到，去市廛才数百步而如在深山中。自是，幽人逋客，往往赋诗鸣琴，烹茶其上。日光玲珑，珍禽上下，真物外之游……最为营丘佳处。"② 这座亭子历代多有修葺，后人称为"范公井亭"，俗称"范公亭"。1934 年，爱国将领冯玉祥游览范公亭，曾手书一联，立碑纪念。联云："兵甲富胸中，纵教他虏骑横飞，也怕那范小老子；忧乐关天下，愿今人砥砺振奋，都学这秀才先生。"今日之范公亭已修葺一新，这里已成为人们追思范公，瞻念前贤，激励来者的游览胜地了。

---

① 《范文正公全集》卷四。
② 王辟之《渑水燕谈录》，中华书局 1981 年版。卷八，101 页。

范仲淹知青州
仍具有老而不衰洁身自好的高尚情怀

范仲淹知青州，垂暮之年而仍存蓬勃朝气，多病之躯而仍有奋搏气概。诗以言志，他曾写过一首《登表海楼》①的诗，就抒发了他"留得夕阳无限时"的向晚之情。诗是这样写的：

> 一带林峦秀复奇，每来凭槛即开眉。
> 好山深会诗人意，留得夕阳无限时。

表海楼，又称表海亭，故址原在今青州万年桥北。取《左传》"世胙太公，以表东海"名之。在宋代，这里是青州的一处游览胜地，文坛领袖欧阳修、"铁面御史"赵抃和龙图阁大学士曾布、大文豪苏轼都有以表海亭为题的诗作存世。范仲淹的《登表海楼》诗是他登上高楼，举目眺望的咏怀之作。诗的后两句把群山和夕阳拟人化：那秀丽的山峦好像懂得诗人的意兴，尽量地挽留住夕阳把自己妆扮得更加美好动人。范仲淹在桑榆晚年写傍晚之景，绝无"夕阳无限好，只是近黄昏"的愁怨情绪，展现在我们面前的是秀丽的山峦，灿烂的夕阳，满目光明的图景。这充分表现了范仲淹"烈士暮年，壮心不已"，"砥砺振奋"，老而不衰的奋斗精神。他不仅以之自勉，而且还把这种自强不息的精神寄意于乡老，激励后来者。《渑水燕谈录》中写过这样一件事：公"晚镇青，西望故居，才百余里，以诗寄其乡人曰：'长白一寒儒，登荣三纪余。百花春满地，二麦雨随车。鼓吹前迎道，烟霞指旧庐。乡人莫相羡，教子苦诗书。'"这是一个老年儒者对后来人的殷切期望！

范仲淹知青州时，还有一件足以显示他晚年洁身自好的事情，很值得一提。这就是他于皇祐三年（1051）十一月在黄素绢上小楷恭书

---

① 《范文正公全集》卷七。

《伯夷颂》①。京东西路转运使苏舜元善书，深服范仲淹楷法之妙，求范仲淹写《乾卦》，范仲淹以《乾卦》字多眼力不逮为由而书《伯夷颂》。写好后，寄给苏舜元、文彦博、杜衍和富弼。名重当时的文彦博接范仲淹手书后，即写了《跋文正公手书〈伯夷颂〉墨迹》诗："书以北海寄西豪，开卷裁窥竦发毛。范墨韩文传不朽，首阳风节转孤高。"这件被晏殊赞为"风流三绝古今同"的墨宝《伯夷颂》经久传世，为历代官吏和文人奉为楷模。元代文人仇远为此写诗赞为"小楷青州三绝碑"。范仲淹在病逝半年前，楷书韩愈的《伯夷颂》，以自示其一生高洁、抑制奸臣贼子的凛然正气，这与他的整顿吏治的改革精神是一致的。这是他留在世上的"为霞尚满天"的辉煌一照，"其有功于世教大矣"！（对此还有专文述论，故不展开）

总之，范仲淹知青州，所做之事是他一生旅程中的最后行为，所写诗文（包括《遗表》）是他情怀的最后抒发。综上所述，我们可以毫不夸饰地说，范仲淹知青州，留下的是老骥伏枥，壮心不已的奋斗精神，留下的是洁身自好始终如一的高尚情愫，留下的是"留得夕阳无限时"的璀璨光环。这种精神，这种情怀，是我们中华民族之魂，它昭示千秋百代，将永远激励着为官者勤政爱民，励精图治，以建设廉洁清明的政治。同时，也将永远激励着世人以天下为己任，为建设文明昌盛的伟大祖国、为实现中华民族伟大复兴的中国梦而奋斗不息！

（此文原载《范仲淹研究文集之三》，新亚洲文化基金会有限公司，2001年版。）

① 《范文正公全集·补编》。

（二）中国古代书法史上的奇观

——范仲淹在青州手书《伯夷颂》

（皇祐）"三年辛卯……公以户部侍郎知青州……冬十有一月戊申，有写黄素《伯夷颂》。"①
——题记

范仲淹于皇祐三年（1051）以户部侍郎知青州，充淄、潍等州安抚使。范公在去半年前，在青州正楷恭书唐代韩愈写的《伯夷颂》，流传于世。自此而后，从北宋直至清末，历代题跋不断，称赞不衰，堪称中国法书史上一奇观。这是为什么呢？范公手书《伯夷颂》，有什么深远的影响及其历史和现实意义呢？对于这些问题，人们或有疑问或有议论，但未能予以全面探究，本文试图从三个方面予以初步探讨和分析。

范公手书《伯夷颂》的过程及其题跋

北宋皇祐三年（1051）冬，蔡州知州兼京西转运使苏舜元请范仲淹书《乾卦》。范仲淹没有写《乾卦》，而写了《伯夷颂》，"冬十有一月戊申，有写黄素《伯夷颂》，寄京西转运苏才翁和文潞公、杜祁公、富郑公"②，并于书后有附言致苏舜元："示谕写黄素，为《乾卦》字多，眼力不逮，且写《伯夷颂》上呈。此中寒甚，前面笔冻，欲重写，又恐因循。书札亦要切磋，未是处，无惜见教。"③范公写黄素《伯夷颂》，苏舜元、文彦博、杜衍、富弼等四公皆有题跋。自此之后，便出现了一个中国历史上、特别是书法史上非常奇特且罕见的现象。其奇特，笔者以为最少有以下三端。

---

①② 《范文正公全集·年谱》。

③ 《范文正公集·补编一》，《苏才翁转运》。

其一，范公不以书法名，但其书法却得到了同代人和后来人的高度评价。同代人文彦博诗评："范墨韩文传不朽"；富弼诗评："苏家能事复何如"；晏殊诗评："精妙极双金"；杜衍诗评："希文健笔抄韩文"①……北宋以后，称赞者亦多。宋元间人牟应龙评曰："文正公所以师表百世者，固不在书，然笔法之妙，自足追媲古人。故苏公号称能书者亦从公求之，以为珍玩焉。书此书时，已六十有三，距公薨时一年耳（应是半年——笔者注）。而楷法谨严，一笔不苟如此，真可敬而仰哉。"元代人何九思评曰："范文正公书唐韩子《伯夷颂》真迹，笔意精严，动合法度，有晋人之遗风。"明代刘良评曰："笔意精妙，清古入神，虽钟王颜柳不过也。"清代宋犖评曰："文正公为有宋第一流人，固不以书名，而此书谨严有法度，一笔不苟，世之善书者或莫及焉。"清于敏中"奉敕敬题"以诗评曰："四家北宋谁齐轨，（北宋四大家书法虽未及范，然文正德行事业，苏、黄且犹不逮，何论襄、芾。——原注），三绝东方漫擅名"（山东陵县有颜真卿大书东方朔像赞碑，昔人目为三绝，谓曼倩滑稽，犹非杰出，此卷庶足当之。——原注）②。赞评还有很多很多，此仅举数例以明其意而已。

其二，对范公手书的题跋，其历时之长、题跋者之多为世之仅有。从《跋文正公手书〈伯夷颂〉墨迹》收录的内容看，最早的题跋者为文彦博，即范公手书后"三十有七日"，亦即皇祐三年（1051）十二月某日。最后一则为"二十六世孙、文正书院主奉端信谨跋，吴县后学尤先甲敬书"，时为"清光绪三十四年（1908）清和月"③。从北宋衍及清末，题跋历时八百余载。再者，据不完全载录，为范公手书《伯夷颂》题跋者不下一二百人。其中不乏历代名臣重吏，如贤相文彦博、富弼、晏殊、杜衍等；也有奸相，如秦桧、贾似道等。有著名书法家，如宋之蔡君谟、苏才翁，元之赵孟頫。甚至乾隆皇帝也几次题诗褒扬："韩辞范楷伯夷躅，俱是千秋第一流。"由此可见，对范公手书《伯夷颂》题跋者之多，历时间之长，真乃中国历史、特别是

---

① 《范仲淹史料新编·跋文正公手书〈伯夷颂〉墨迹》，沈阳出版社1989年版。
②③ 《范仲淹史料新编·跋文正公手书〈伯夷颂〉墨迹》，沈阳出版社1989年版。

书法史上的奇特现象，令人惊叹！

其三，范公手书《伯夷颂》，五次流失而又五次复得，实为世之罕事。从题跋可知，范公手书《伯夷颂》成后至清末八百余年间，经历了五次流失而复得，何其异哉？（一）一失复得。范公手书后二百年间，"不知凡几传，至于贾秋壑。宋亡，北流于燕，逸斋李侯时为部侍郎，得之宝藏文府。大德戊戌，侯自两淮都转运使来守是邦，谒公祠下，求公之后人以与之"。（二）二失复得。李侯戬将范公手书归于范祠五六十年后，"明兵至，义庄祠宇俱为灰烬，此卷同罹此患，觊必不存。大宗孙廷珍、十世孙天倪复购之于军寨中"。（三）三失复得。范公手书元末明初失而复得，至明隆庆四年（1570），手书流入王世贞质库中。至万历八年（1580）"初夏，悉理散帙……因举此二卷以归主奉，且不取价"。范公手书《伯夷颂》又归于范氏。（四）四失复得。王世贞将范公手书归于范氏后，"未久，主奉者不戒，复失去，为云间贰守朱勋追得，复归祠中"。（五）五失复得。至清乾隆六十年（1795）春二月，主奉家失火延烧，手卷化为灰烬。幸有钩摹，至嘉庆三年（1798）"刻石始竣"。后经战乱，《伯夷颂》碑断字残。后又访得坊间李氏珍藏《伯夷颂》帖，系乾隆年间原拓，"装缀四册，卷页全璧"，又"购之以归义庄"①。奇矣哉！无怪不少题跋者不胜感叹：此卷"屡失屡得，信有神物呵护"，"神灵默佑合浦珠还"云云！

---

① 《范仲淹史料新编·跋文正公手书〈伯夷颂〉墨迹》，沈阳出版社1989年版。

范公为什么不书《乾卦》而书《伯夷颂》

苏才翁善书，深服范公楷法之妙，请范仲淹写《乾卦》，范公以"《乾卦》字多，眼力不逮"为由，"且书《伯夷颂》上呈"。这是为什么呢？《乾卦》比《伯夷颂》字多，这是实际；范公晚年"日增疾恙""力不支持"，也是实情。但笔者以为，其根本原因并不在此，这需从范仲淹的人生轨迹及其晚年思想作具体分析，方能找到合理的答案。

其一，范仲淹一生重名教尚风节，《伯夷颂》所倡导的精神与他的思想是一致的。首先，我们从范仲淹的诗文里可以看出他重名教尚风节的一贯思想。他在早年曾写过一篇《近名论》，说："先王以名为教，使天下自劝。"又说："不使近名，则岂复有忠臣烈士为国家之用哉！"《说卦·第二章》中说："立天之道曰阴与阳，立地之道曰柔与刚，立人之道曰仁与义。"范仲淹为地方官时，修严子陵祠堂，并为之写《桐庐郡严先生祠堂记》，记中有言："先生之心，出乎日月之上"，"而使贪者廉，懦夫立，是大有功于名教也"①。范仲淹的不少诗歌也反映了他的这一名节思想。"清名高节老乾坤"；"高节见直清，灵心隐虚白"②。范仲淹知青州时，他登上南楼，写了《南楼》五言古诗："南楼百尺余，清夜微尘歇。天会诗人情，遗此高高月。"登上表海楼，写了《登表海楼》诗，其中有句："好山深会诗人意，留得夕阳无限时。"这都是抒发了他晚年的"名节"情怀。他临终前，在《遗表》中更在首句即书："臣闻：生必尽忠，乃臣节之常守"。

从同时代人及后代人对他的评价看，也都极推崇他重名教尚风节的思想和人格。范公手书《伯夷颂》后，文彦博题跋："范墨韩文传不朽，首阳风节转孤高"；杜衍题跋："宁止一言旌义士，欲教万古劝忠臣"；贾昌朝题跋："范希文好谈古贤人义节，老而弥笃"。韩琦说

---

① 《范文正公全集》卷八。
② 《范文正公全集》卷一《灵岩寺》《寄题孙氏碧鲜亭》。

他："贰机政，陪宰席，宏谋大策，出于仁义。"① 富弼说他："自始仕慨然有康济之志，凡所设施，必本于仁义。"② 范公之后，改革家王安石在《祭范颍州文》中说："呜呼我公，一世之师。由初迄终，名节无疵。"③ 南宋大理学家朱熹说："至范文正时，便大厉名节，振作士气，故振作士大夫之功为多。"又说："宋朝忠义之风却是自范文正公作成起来"④。《宋史·范仲淹传》写他："每感激论天下事，奋不顾身，一时士大夫矫厉尚风节，自仲淹倡之。"直至晚年，范公重名教尚风节一如初衷，未曾稍易。唐代韩愈在《伯夷颂》中借以发挥的一番议论："士之特立独行，适于义而已，不顾人之是非，皆豪杰之士，信道笃而自知明者也。一家非之，力行而不惑者，寡矣。至于一国一州非之，力行而不惑者，盖天下一人而已矣。若至于举世非之，力行而不惑者，则千百年乃一人而已耳！"这些议论正与范仲淹一生重名教尚风节的思想和行为相吻合。因此，程应镠先生在著作中分析到范公手书《伯夷颂》这一事情时写道："仲淹相信自己的一生就是如此。楷书这篇颂，实际上也是自我的表白。"⑤ 河南伊川范章先生有文谈到这一问题时，也很动情地写道："这不正是对文正公的具体写照吗？文正公（就）是'理或当言，死无所避'，'每感激论天下事，奋不顾身'，多次遭到当政者非之，而仍然'力行而不惑'啊！"范文还引申说："文正公取人气节，往往取其可取之一端，如取严子陵之'不贪'一节，而又绝不赞成他的消极避世之为……他对伯夷也会（是）赞成其特立独行的节操，但决不是赞成其拦马谏武王伐纣一节，因为他是赞成汤武的'以有道伐无道'的。"⑥

其二，范仲淹晚年手书《伯夷颂》，还有他未吐露之心曲。对此，范章的文章分析了文正公"是为了避嫌"的一面，他在文章中这样分析："庆历四年他主持推行新政时，夏竦阴使女奴习石介书，伪作石

---

① 韩琦《范文正公奏议·序》。
② 富弼《范文正公墓志铭》。
③ 《王临川全集》，上海新文化书社1935年版。
④ 朱熹《朱子家语·129》。
⑤ 程应镠《范仲淹新传》，上海人民出版社1986年版。
⑥ 见《范仲淹研究文集》之三，新亚洲文化基金会编印。

介为富弼撰《废立诏草》，要废掉仁宗。企图'陷害石介、富弼，累及仲淹'。'飞语上闻，仁宗生疑'，庆历新政也因之失败。所幸仁宗处事谨慎，不像唐宪宗昏溃，才使他与富弼等未蹈王伾、王叔文覆辙而保住了性命。此后言行更加谨慎。因此，皇祐三年（1051）十一月，他在青州任上，京西路转运使苏才翁请他写《乾卦》，但此卦中有'或跃在渊，自试也'，'或跃在渊，乾道乃革'句。满篇充满着刚阳之气，易被人与'废立诏草'联在一起进行诬陷，故辞以'乾卦字多，眼力不逮'，'此中寒甚'为由，改写《伯夷颂》，以避其嫌②。这些分析也是很有道理的。

其三，范仲淹晚年手书《伯夷颂》，是表明他忠义节操改革志向始终不渝的心迹，同时也寄寓着他激励同道不屈不挠继续奋进的愿望。因苏舜元之请写黄素，所以范公把手书《伯夷颂》寄苏舜元、文彦博、富弼和杜衍。他们都是"庆历新政"的积极支持者与参与者，如富弼，"新政"时任枢密副使，力主改革，与范公为革新事业并肩战斗。"新政"失败后，与范公同时遭贬。富弼离开青州，范公继任青州知州，以后有诗寄赠富弼，把富比作东晋时的谢安，把青州比作东山，写道："彦国才如谢安石，他时即此是东山。"（《石子涧二首》）范公写《伯夷颂》与此诗的心迹是一致的。再如杜衍，在庆历革新运动领导集团中他官位最高，与范仲淹同心同德，全力改革。"新政"失败，他即遭罢免，"衍为宰相才百二十日也"。皇祐二年（1050）杜衍致仕，范仲淹任杭州知州，上《乞召杜衍等备明堂老更表》说：杜衍"直清忠尽，勤劳弼亮"，"可备三老、五更之选"。范公写《伯夷颂》与此表的心迹也是完全一致的。对此，方健先生有文章也写道："仲淹晚年，疾病缠身，虽目力不逮，天寒地冻，在青州仍以黄素小楷一笔不苟地抄写了韩愈的《伯夷颂》，寄给时任京西转运使的著名书法家苏舜元，苏将这件书法精品分寄前宰相文彦博、晏殊、杜衍等，相继陆续题跋，表明庆历党人的心是相通的，其志节和操守也是坚定不移的……正如蔡襄所指出的：'此书皆谤毁，艰难者读之，益以自信。'……当年，新政的策划与参与者，就用这种特殊的方式表达了他们的共同信念：改革大业生生不息，庆历新政虽罢犹辉。"① 方健先生的这些分析也是很有道理的。

① 见《范仲淹研究文集》之三，新亚洲文化基金会编印。

其四，范仲淹晚年手书《伯夷颂》还有一个原因，就是文正公与韩愈有某些相近之处，朝代相隔而心相通。首先看其身世。范仲淹两岁而孤，四岁随母适朱氏。《宋史·范仲淹本传》写他，"少有志操，既长，知其世家，乃感泣辞母，去之应天府，依戚同文学。昼夜不息，冬月愈甚，以水沃面；食不给，至以糜粥继之，人不能堪，仲淹不苦也。"韩愈则是三岁而孤，寄养堂兄家，由嫂子抚养。韩愈自知身世，"幼刻苦学儒"，苦读不已。再看其秉性与政治生涯。如上所述，范仲淹"以天下为己任"，"每感激论天下事，奋不顾身"。屡屡上书进谏，数度遭贬而不悔。韩愈亦刚正不阿，"发言真率，无所畏避"。唐德宗晚年，宫廷贱买民物，"宫市"之害严重，韩愈写数千言奏章以批评。德宗怒，贬韩愈为山阳令。元和（806～820）初，韩愈上书劝阻唐宪宗迎佛骨，宪宗大怒。韩愈幸免一死，被贬任岭南潮州刺史。三看其政治和文化主张及一生追求。韩愈倡导儒学运动和古文运动，要求在继承传统的基础上革新和创造，提出"文以载道"、文道合一的主张。《旧唐书·韩愈本传》说他，一生"大抵以兴起名教弘奖仁义为事"。范仲淹呢，也是一生重名教厉风节尚仁义。他更是政治改革家，领导了"庆历新政"。并且他与欧阳修一起提出了"宗经复古，振兴儒学"的学术主张和"文道并重，开拓创新"的文学主张。由此推论，范仲淹与韩愈的不少相通之处，也是他在逝世半年前手书韩愈《伯夷颂》的一个原因吧。

　　综上所述足可看出，范仲淹晚年小楷恭书韩愈的《伯夷颂》送人传世，是深思熟虑的，绝不是偶然所为。

范公手书《伯夷颂》的意义及其影响

范公手书韩愈的《伯夷颂》，从政治和教化的角度看，在中国书法史上意义非凡，影响深远。

其一，范公手书《伯夷颂》，是他人生历程、精神人格的最后完美。我们知道，范仲淹在皇祐四年（1052）初离开青州，便逝于赴任颍州的路上——徐州。范公知青州，是他人生历程的最后一站，是他从政为民的最后一个舞台。在青州，他胸怀黎庶，改革税制；他奏开官仓，赈灾救民；他举荐人才，忧国为民；他上书皇帝，心怀社稷；他优游青社，咏诗抒怀……这一切，都是与他手书《伯夷颂》的情怀相表里的。他手书《伯夷颂》，是他一生重名教尚风节的又一真实写照，是他改革吏治抑制奸臣贼子凛然正气的再次展现，是他洁身自好始终如一的高尚情操的璀璨闪光。"不知青社挥毫日，得似天章论道时"。可以这样说，范公手书《伯夷颂》，是与他的一生所作所为与他晚年在青州的作为，以及和他在《遗表》中所表现出来的高风亮节和忧国忧民的情怀相一致的，是他伟大人生和不朽精神境界的最后升华。

其二，范公手书《伯夷颂》，是他留给后人的一份珍贵的精神财富。我们先从教化之义看。以上已经分析，范公手书《伯夷颂》的要旨在尚风厉节。由此观之，其教化意义就不是一般书法作品所能相比的。有的题跋者就清楚地写到了这一点，以诗评说："韩辞范笔照千龄，扶植纲常似六经。日月争光宜下拜，莫将比眼对兰亭。"王羲之《兰亭集序》只是在书法上的影响，而范仲淹手书《伯夷颂》则对后世"扶植纲常"的作用可谓至大矣！再从手书本身看。上文已述，范公所以为百世之师者，固不在书，但其手书却得到了历代很多人的称赞。有人评说："范文正公书落笔痛快沉著，极近晋宋人书法。时苏才翁笔法妙天下，不肯一世。人惟称文正公书与《乐毅论》同法。老年观此书，乃知用笔实处是其最工，想其钩指回腕皆优入古人法度中。"可见，仅从书法的角度看，也是有很高的研究价值的。三从文物角度看。清康熙年间，范公祠中所藏墨迹除手书《伯夷颂》外还有八种，即：唐懿宗赐文正公四世祖柱国诰、宋哲宗赐恭献公拜给事中诰、宋哲宗赐忠宣公御书、文正公与尹师鲁二帖、文正公道服赞、忠宣公札子、忠烈传芳卷（徽宗赐文正祠额）、东溪书舍卷。"展阅诸卷，定当以《伯夷颂》为第一"。原件何其贵！今存虽系"乾隆年间原拓"，亦是弥足珍贵的！

其三，范公手书《伯夷颂》，承前启后，使重名教倡节义之风世代不衰。上文已述，范仲淹一生尚儒学重名教厉风节，晚年手书《伯夷颂》，是他这一光辉人格和思想的最后展现，在中国思想史上确实是前承先贤下启来者的。正如明代御史胡文静题跋说："君臣大经，犹天高地下，非可以人力移易者。是以武王八百国精兵，可以灭商家六百年社稷，而不可灭二子扶植纲常……世降战国，生民涂炭已极，孟轲氏以仁义之师讽论当时……后世以争战定天下……二子之论几灭。此昌黎韩公又违众自是，特为之颂；文正范公又违众自是，特为之书。"因此说，范公书此，"实为天下万世纲常计"，"其为万世之虑也深矣"！的确如此，范公之人格，范公之精神，范公之思想，确实有益于千秋万代，直至当今。在大力倡导反对腐败建设廉明政治的今天，提倡重名教尚风节，对于干部洁身自好、提高素质、廉洁奉公，也是很有意义的。提倡重名教尚节义，对于提高国民素质、构建和谐社会，同样也是很有意义的。

总之，文正公晚年知青州，在其逝世前半年手书《伯夷颂》，这是他一生重名教厉风节尚纲常思想和行为的进一步展现，是他人格和精神的又一次辉煌闪耀。范公手书《伯夷颂》连同他的思想是留给世人的一份非常珍贵的精神财富。这一财富是中华民族精神之魂的继承发扬和光大，这一财富是中华民族能够永立于世界民族之林的根本所在。"特立独行"，"嶵乎泰山，巍乎天地"者，范公！"昭乎日月"，"穷天地，亘万世"者，范公精神！

（此文系 2006 年全国"洛阳范仲淹思想研讨会"上的发言稿。后收入《范仲淹研究文集》，大众文艺出版社 2008 年版）

（三） 范仲淹的吏治思想

范仲淹在青州任上，部分文章和诗歌就反映了他的吏治思想。如《论转运得人许自择知州奏》的奏章就强调："与陛下共理天下者，为守宰最要耳"，"救之之术，莫若守宰得人。若守宰政举，则天下自无事矣"。本文对范仲淹吏治思想的一个重要方面——举贤任能予以论述的时候，就引用了范公在青州的奏疏。鉴于此，故也将此文收入本书。

北宋王朝中叶，表面上是一片升平景象，但其阶级矛盾和民族矛盾已渐趋尖锐，特别是吏治的腐败，直接影响着国家政权的稳固和社会的安定。对这种情况《中国通史》上这样写："宋朝经历太祖、太宗、真宗三朝及仁宗初年章献太后执政时期，已有 70 余年，积弊日深。"① 对于这严峻的形势，朝中的保守势力视而不见，但像范仲淹这样的一些有识之士已经有了比较清醒的认识，并积极向皇帝提出改变这一现状的建议和主张。那么，对于吏治的腐败现象如何整饬呢？范仲淹在"庆历新政"中提出了"明黜陟""抑侥幸""精贡举""择官长""均公田"等一系列措施②。对于范仲淹关于吏治的主张与思想及其实践的丰富内涵，本文难能全面展开论述，而仅从举贤才任能吏这个侧面，就其举贤的目的、要求条件和举贤的态度等试作述论。

举贤任能是治国安民的需要

范仲淹思考如何解决北宋王朝当时吏治腐败的问题，深刻认识到

---

① 《中国通史》，白寿彝总主编，上海人民出版社 2007 年版。
② 《答手诏条陈十事》，《范仲淹全集》（李勇先、王蓉贵校点，四川大学出版社 2007 年 11 月版）中册"范文正公政府奏议卷上"523 页。（以下所引皆同）

需要采取多方面的措施，需要动大手术，而其中重要的一条是：培养人才，选贤任能。"为政之本，莫过择人"。对此，范仲淹写了不少文章予以论述，例如《选贤任能论》《得地千里不如一贤赋》《帝王好尚论》《近名论》《推委臣下论》《贤不家食赋》《任官惟贤材赋》《六官赋》《论转运得人许自择知州奏》等等。同时，他还积极作为，不遗余力地向皇帝举荐人才，在他的文集中有不少举荐人才的奏章。文集中的论文与赋篇以及奏章是我们认识和研究范仲淹举贤任能吏治思想的重要依据，我们从中可以看出范仲淹举贤任能的目的是非常明确的。

其一，范仲淹举贤任能的吏治主张和思想，旨在稳固统治和确保国家的安定。他在《选贤任能论》中开宗明义写道："王者得贤杰而天下治，失贤杰而天下乱。张良、陈平之徒，秦失之亡，汉得之兴。房、杜、魏、褚之徒，隋失之亡，唐得之兴。故曰'得士者昌，失士者亡'。"① 语言精要，说明"得贤杰"与否，关系到天下的"治"与"乱"、"兴"与"亡"。他在另一篇赋文中又说："地广千里，功亏一贤……舍地得贤兮，邦基以立；失贤有地兮，国难随兴。"② 在这里，范仲淹说明了国土与贤良的关系，即得贤而"邦基立"，失贤则"国难兴"。故而"得其人则圣政咸若，失其人则王化不行"③。在此，范仲淹又进一步说明了得人则"圣政咸若"，失人则"王化不行"的道理。又说："天下之政也，惟贤是经；天下之情也，得贤而宁。"④ "国家求治，莫先于擢才。"④ 从以上所引范仲淹关于举贤任能的论述可以看出，具有"进亦忧，退亦忧"超越时空思想境界的范仲淹，站在巩固国家政权的高度，提出的选贤任能的吏治主张及其思想在当时是很有进步意义的。就是在今天，对于如何选拔干部，从而提高共产党的执政能力，亦具有切实的现实意义。

① 《范仲淹全集》上册"卷第八"153 页、187～188 页。
② 《范仲淹全集》中册"别集卷第三"495 页。
③ ④《范仲淹全集》上册"别集卷第二"480 页、486 页。
④ 《范仲淹全集》上册"卷第二十"464 页。

其二，范仲淹举贤任能的吏治主张和思想旨在"厚民力，固邦本"，为民谋福祉。具有民本思想的范仲淹，"居庙堂之高，则忧其民"，被贬作地方官时也是极尽全力为老百姓办一些实事，深得民众拥戴。范仲淹选贤任能的吏治主张和思想都是为了社会的稳定和老百姓的安居乐业。他对贪吏、昏吏与庸吏给百姓造成的危害深恶痛绝，他说："与陛下共理天下者，唯守宰最要耳。比年以来，不知择选，一切以例除之。以一县观一州，一州观一路，一路观天下，率皆如此。其间纵有良吏，百无一二，使天下赋税不得均，讼狱不得平，水旱不得救，盗贼不得除，民既无告诉，必生愁怨。"并指出："救之之术，莫若守宰得人。若守宰政举，则天下自无事矣。"① 所以他主张对危及社会安定、不能为百姓谋事的官吏一概罢免，而代以贤才能吏任之。在"庆历新政"中，他对自己"明黜陟"、"择官长"、举贤任能的吏治主张进行了一次大胆的尝试。庆历三年十月，"公为参政，与韩、富二枢并命，锐意天下之事，患诸路监司不才，更用杜杞、张温之辈。公取班簿，视不才监司，每见一人姓名，一笔勾之，以次更易。富公素以丈事公，谓公曰：'范六丈公则是一笔，焉知一家哭矣。'公曰：'一家哭，何如一路哭耶！'遂为罢之。"② 可见范仲淹罢黜不合格官吏、选贤任能的决心是何等坚定！此等当政者人物，历朝历代，虽多多益善，而又何其少也！

　　从以上分析可以看出，"居庙堂之高，则忧其民；处江湖之远，则忧其君"的范仲淹改革吏治、举贤任能的主张和思想，其目的一是为巩固国家政权，二是为造福天下黎庶，而且力图把二者统一起来，可谓用心良苦。他的选贤任能的吏治主张虽然因为"庆历新政"的失败而不能实现，但是在历史上的影响却是久远的。

① 《范仲淹全集》中册"附录二·年谱"909页、899页。
② 《范仲淹全集》中册"附录二·年谱"909页、899页。

举荐之贤需具备 "四科" 条件

从范仲淹相关吏治的论文、赋篇及奏章中，我们不难看出范仲淹对所举贤才的要求条件是德（行）才兼备。他在《选贤任能论》中开篇论述尚贤的重要性以后，继而以皋陶赞大禹为例，称赞禹有"九德"，接着又引孔子论门人，标以"四科"为据（其"四科"即：一曰德行，二曰政事，三曰言语，四曰文学），进而论述道："此所谓求人之道，非一端也。"① 这就是说，对贤才的要求是严格的，条件是多方面的，并"非一端"。

对于此"四科"的内容，范仲淹在不少文章中多有阐发。如对贤才的"德行"，他在《四德说》中写道："卦有四德，曰元亨利贞。""元者何也？道之纯者也"；"亨者何也？道之通者也"；"利者何也？道之用者也"；"贞者何也？道之守者也"②。对于一个人的道德品行，他主张"察其言之所谓，观其行之所修"③。郑玄对《周礼》注曰："德行，内外之称，在心为德，施之为行。"④ 由此可见，范仲淹对贤才提出的"德"的标准是从思想、言论与行动的结合上予以全面要求与考察的，与我们平常所说的"德"的含义不尽相同，是赋予了更加丰富、广泛的哲学内涵的，这无疑加深了我们对"德"的理解和认识，应该引起我们的特别注意。

范仲淹所提的对于贤者"才"的要求——"政事""言语""文学"也多有精辟的论述。"政事"，就是一个人要有行政的才能。范仲淹在《上执政书》中强调：这样的人应该具有"固邦本，厚民力，重名器，备戎狄，杜奸雄，明国听"的能力⑤。他在这篇上书中对这几个方面的能力都作了明确的阐释。"言语"，就是一个人要有说话的才

① 《范仲淹全集》上册"卷第七"153～154页。
② 《范仲淹全集》上册"卷第八"153页、187～188页。
③ 《范仲淹全集》上册"别集卷第二"483页。
④ 引自《辞海》"德行"条，郑玄语。上海辞书出版社，1979年版，第1849页。
⑤ 《范仲淹全集》上册"卷第九"212页。

能。对此，汪长根和沈建洪先生在文章中有较详细的阐述，写道："范仲淹以他的政治生涯体验，大胆把口才列为选用人才的标准之一，委实有真知灼见。金殿之上，皇帝御前，作为大臣要陈述自己的主张，遇有文武百官中不同政见，则不免激烈辩论，没有口才不行；出使邻邦，出席谈判，作为使者要指陈利害，据理而争，以维护国家尊严和利益，没有口才也不行；至于日常理政，断案折狱，辨明是非，研究讨论，没有口才同样不行。"① 至于"文学"，其本意为文章博学，古代指文献典章，先秦时期曾将哲学、历史、文学等书面著作统称为文学。范仲淹在这里说的是所选贤才要熟悉文献典章及相关的制度，对此他在《上时相议制举书》中有专门论述，写道："劝学之要，莫尚宗经。宗经则道大，道大则才大，才大则功大。盖圣人法度之言存乎《书》，安危之几（机）存乎《易》，得失之鉴存乎《诗》，是非之辨存乎《春秋》，天下之制存乎《礼》，万物之情存乎《乐》。故俊哲之人，入乎六经，则能服法度之言，察安危之几（机），陈得失之鉴，析是非之辨，明天下之制，尽万物之情。使斯人之徒辅成王道，复何求哉！"② 这就是说，举荐明"六经"、知法典、具有丰富学识才能的人，辅佐帝王，则王道兴，为县令郡守，则能"固邦本，厚民力"，何愁国家政权不稳固、黎庶百姓不安宁？

从以上分析可以看出，范仲淹对于贤才的条件和要求在理论上的论述是充分的。下面我们再分析一下他的部分奏章，从而认识他举荐贤才的为政实践。从《范仲淹全集》大略统计，经他举荐的人才涉及姓名者不下60余人。在奏章中，他对举荐的人多是精要述列其德才，有的还奏明宜任何职。一方面，作为举荐奏章，不可能面面俱到论及某人的德与才，而只能是精列其要；另一方面，范仲淹论及对一个人的德才，特别是对于德行的要求时，主张不需求全责备。他说："四者未能兼行，则出乎彼而入乎此，出乎此而入乎彼。不离四者之中，如是则其殆庶几乎！"③ "元亨利贞"四德是相通的，在具体的某一时

① 《试论范仲淹的改革观点与人才思想》，《苏州大学学报》1985年第4期。《范仲淹研究文集》，人民出版社2003年版。
② 《范仲淹全集》上册"卷第十"237~238页。
③ 《范仲淹全集》上册"卷第八"188~189页。

间、地点或事件中，一个人具备其中的几项德行，就是可以的，就是可以任用的。范仲淹举贤的实践与他的理论是一致的，以下从其实践方面略作分析。

首先，范仲淹举贤的首要一条是重在德行。他举荐向约"谨官业，廉贫苦节""备见操守"；举荐张昇"有忧天下之心；纯诚直道，无让古人之节"；举荐张沔"廉谨精勤，搢绅所许"；举荐王洙"精勤政治，庶务修举，清简和恕"；举荐许渤"自守静节"，"清心至行"；举荐滕宗谅"词才公器"，"并已清显"；举荐张伯玉"素蕴甚充，清节自处"；举荐李宗易"素负词雅，居常清慎"。

从以上引例看，范仲淹举贤在"德"方面反复用的是"廉"、"诚"、"清"几字。"廉"者，廉洁也；"诚"者，（对社稷）"忠诚"也；"清"者，清廉也。在这里，"廉、诚"之义易明，故只对"清"字予以简要说明。"清"，本意指水之澄清，而"清廉、公正"为引伸之意，如《书·尧典》释为："夙夜推寅，直哉唯清。"《易·豫》书为："圣人以顺动，则刑罚清而民服。"周兴涛先生曾有文章对范仲淹诗歌中的"清"字作过详细例引和论证①，读者可以参考。

其次，范仲淹举贤也极其重视被举荐人的才能。范仲淹在文章中所阐发的对贤者"才"的要求是："政事""言语""文学"，他平生所举之贤也是本着这几个方面的。如，他举荐王洙"文词精赡，学术通博，国朝典故，无不练达"；举荐张伯玉"善言皇王之治，博达今古之宜"；举荐欧阳修"文学才识，为众所服"；举荐张方平"富于文学，复有才用"；举荐彭乘"博学不倦，孤立无徒"；举荐丘良孙"学术稽古，文辞贯道"；举荐张问"文学履行，有名于时"；举荐孙复"素负词业，深明经术"；举荐张讽"文学懿赡，履行纯雅……的有才称"；举荐李厚"素有文行，涉道且深"；举荐李觏"善讲论六经，辩博明达，释然见圣人之旨"；举荐胡瑗"志穷坟典，力行礼仪"；举荐姚嗣宗"文笔奇峭"，"兼通经术"；举荐张去惑"素有时材，不避艰苦"；举荐许元"才力精干，达于时务"。有时一份奏章举荐多人，如

① 《范仲淹研究文集之二》第 325 页。新亚洲出版社有限公司，2001 年 12 月版。

举荐杜杞等 10 人"或文词雅远，可润皇猷，或经术精通，能发圣蕴"①……举荐奏章还有很多，此不一一赘引。仅从以上例引即可看出，范仲淹对贤良的举荐实践与他的理论阐述是完全一致的，显示了他言行统一的伟大人格。

举贤者应当胸襟坦荡公正无私

上文已述，范仲淹举荐贤能之目的，旨在稳固北宋王朝的政权，促进社会安定，保障百姓安居乐业。具有"先忧后乐"高尚思想襟怀的范仲淹，在对官吏的选贤任能方面也显示了襟怀坦荡公正无私的高风亮节。

庆历三年（1043），他与韩琦曾上书仁宗皇帝说："欲乞圣慈特降诏书，令中书、枢密院臣僚各于朝臣中荐堪称举主者三人，候奏到姓名，即逐人各赐敕一道。若将来显有善政，其举主当议旌赏；若赃污不理，苛刻害民，并与同罪。"② 范仲淹此奏书的本身就是一种姿态、一种胆识，这是他举贤无畏无私的宣言。我们读他的举荐奏书，会看到多数都写上了这么一条，向皇帝、朝臣作出"保证"，立下"军令状"。例如，他举荐赵拯等的奏书最后写道："如任用后犯正入己赃，臣并行同罪。"③ 他举荐滕宗谅、向约、李宗易、李厚、张讽、雷简夫、姚嗣宗、赵拯等的奏书皆写上这样的"保证"②。有的奏章写上如举荐失当，甘受法律制裁。如举荐丘良孙的奏章最后写道："若不如举状，甘俟朝典。"④ 再如举荐张伯玉、李觏、周启明、龙昌期、张去惑、许元等奏章也是立下这样的"军令状"⑤ 的。还有的奏章写上：如举荐不实，甘受欺君之罪。如举荐欧阳修的奏章最后写道：

---

① 以上所引荐贤举贤言辞详见《范仲淹全集》相关篇章，兹不赘注。
② 《范仲淹全集》中册"附录二·年谱"928～929 页。
③ 《范仲淹全集》中册"续补卷第一"782、770 页。
④ 《范仲淹全集》上册"卷第十九"435 页、"卷第二十"449～450 页，中册"政府奏议卷下"618～619 页、"续补卷第一"782 页。
⑤ 《范仲淹全集》上册"卷第十九"436 页。

"若不如举状，臣甘欺罔之罪。"① 再如举荐种世衡的奏章最后写："如朝廷体量臣稍涉虚妄，甘受上书诈佞不实之罪。"② 有的奏章还写上双重"保证"。如在《乞召还王洙及就迁职任事劄子》写道："或不如举状，臣受上书诈不实之罪。如朝廷擢用后犯入己赃，臣甘当同罪。"③ 以上例引足可看出范公之精神：心怀大度忠于国，举贤任能无隐私！

　　范仲淹一方面重视举贤，并且大公无私；另一方面他对于某些朝臣的处罚也坚持正义，极其慎重。他出于公心，不怕涉"党庇""累己"的风险，敢为被诬的朝臣进行辩解，以保护人才，维护"典刑"的严肃性。最典型的是为滕宗谅和张亢的辩诬，他连上"三奏"：《奏雪滕宗谅张亢》《再奏辩滕宗谅张亢》《再奏雪张亢》，以戍边目击者的身分为滕宗谅和张亢辩解，并在奏章中写道："仰台谏官便是弹劾，臣甘与二人同行贬黜"，"一处定断，以正典刑"④。还有，范仲淹对于一般官员的处置也是坚决反对草率罢官和乱加刑罚的，每每从实际出发，奏明事实真相，予以适当处置。像是刘沪、董士廉因修洛水城事，"被狄青枷送司理院"，狄青是范仲淹一手提拔起来的将帅，刘沪是"最有战功"的将佐，董士廉是"朝廷京官"，范仲淹爱惜人才，不受个人关系和感情的影响，上奏章辨明事实，分析利害，使宋仁宗接受了他的意见，免刘、董二人死刑⑤。《续资治通鉴》卷46还载有这样一件事情：庆历三年，劫盗张海剽劫淮南，将过高邮。高邮知军晁仲约估计官兵不敌，权衡利弊，就令富户拿出金银布匹，设宴迎接。张海感动，借道而去。皇上知道此事，极为震怒。枢密院富弼（范仲淹举荐，庆历新政的同道者）上奏书处死仲约。范仲淹却不顾个人亲疏关系，从实际出发，向仁宗奏道："郡县兵械足以战守，遇贼不御，法所当诛。今高邮无兵与械，虽仲之义当勉力战守，但事有

---

　　① 《范仲淹全集》上册"卷第十九"437、452 页，中册"政府奏议卷下"623 页。

　　② 《范仲淹全集》上册"卷第十九"433 页。

　　③ 《范仲淹全集》上册"卷第二十"465 页。

　　④ 《范仲淹全集》中册"政府奏议卷下"626～633 页。

　　⑤ 《范仲淹全集》中册"政府奏议卷下"636～637 页。

可恕，戮之恐非法意。"仁宗"从之"，免除仲约死刑。其他，如《奏辩陈留移桥》《奏葛宗古》① 《乞宽宥石元孙奏》《乞复孙用张忠官资奏》② 等。以上皆是范仲淹根据实情所上的奏章，对所辩之人，有的范仲淹尚不认识（如石元孙），真是公心可鉴！

范仲淹之所以能够做到举贤任能无私，是因为他总结历代王朝兴衰成败的经验教训，把人才视为国家和民族兴旺发达的根本保证。他效法历代贤良，把举荐人才看作是对社稷、对皇帝"至诚""至忠"的一个重要方面。如他在《再奏辩滕宗谅张亢》中写道："臣之此请，出于至诚，愿陛下不夺不疑。"在《奏辩陈留移桥》中又说："臣至诚激切，丝发不隐，望天鉴照临。"③ 在《奏为荐胡瑗李觏充学官》中写道："臣之至忠，莫先于举士。"④ 在《乞召还王洙及就迁职任事剳子》中又说："国家求治，莫先于擢才；臣之纳忠，无重于举善。"⑤因为范仲淹是伟大的政治家，所以不管是举贤还是为贤者辩解，都表现出了他大无畏、大无私的高尚情操与思想境界。

综上所述，范仲淹在多年的为官行政生涯中，不管是在郡县还是在朝堂，都是非常重视培育、举荐和选拔人才的。在理论上有精到的论述、深邃的思想，在实践上有大量的奏章、勇毅的作为。

范仲淹对贤良重要性的论述、对贤良条件的阐发，是中国思想史库中一笔非常宝贵的财富，他在举贤中所表现出来的无私无畏的作为和胸襟，给为官者树立了效法的楷模。总之，范仲淹关于举贤任能问题的精辟论述和伟大实践，是超越时空的，直到今天仍然闪烁着熠熠光辉，具有伟大的现实意义。

（此文收入第五届中国范仲淹国际学术交流大会《论文汇编》）

---

① 《范仲淹全集》中册"政府奏议卷下"633~636、638 页。
② 《范仲淹全集》中册"续补卷第一"784~786 页。
③ 《范仲淹全集》中册"政府奏议卷下"631、636 页。
④ 《范仲淹全集》中册"政府奏议卷下"615 页。
⑤ 《范仲淹全集》上册"卷第二十"464 页。

（四）范公台·古槐歌及其他

三贤祠院内，澄清轩之后，宋槐之侧有幢石碑，碑的题额为"范公台"。笔者在《青州三贤》一书中曾予以收录。此碑宽97厘米，高49.5厘米，厚14厘米。"范公台"三字为隶书，端庄圆润，清晰可辨。李奉翰书丹。

石碑虽不高大，位置也不显眼，只占轩后一隅，但却曾经引起不少古代名人以及今人的关注，或赋诗，或书文，或著录。总起来说，人们对于此碑刻的重视，为弘扬青州的历史文化起到了一定的推动作用。

"范公台"石碑

关于范公台，有一本碑刻著录上写道："碑右上角刻有印章一方，左下角刻有印章两方，附图于下，供识者辨印文，可知书写人。"笔者编著《青州三贤》的时候，曾经做过研究和辨认，"书写人"是李奉翰，"右上角"的印章为李奉翰的字"香林"二字的篆书。

据《清史稿》卷三百二十五记载：

李奉翰（？~1799），宏子。入赀授县丞，补沂水。历官江南河道总督、河东河道总督、两江总督兼领南河事。

又据《清国史馆传稿》1099号记录：李奉翰于乾隆三十五至三十六年（1770~1771）任青州知府。笔者考证，"范公台"碑当立于此时。清代时期的官制，一般一任三年，查光绪《益都县图志·官师志》的著录，乾隆二十五年至三十六年（1760~1771）的末任新知府上任之前，空缺三至四任。李奉翰当为著录空缺的最后一任。

查青州史料，对于范公台及其古槐等进行集中而具体记述的，当首推清末举人邱琮玉。

邱琮玉，字锦方，城北裴家桥子村人，光绪二十九年（1903）癸卯科举人。民国初年任师范教员，后为女子高等师范学校校长。著有《高榆轩文集》《高榆轩随笔》《青社琐记》《有竹堂诗草》《益都先正诗续钞》《衡藩宫词》《西门踏青诗集》等。他在《青社琐记·卷二》中，以"府署范公台古槐"为题，对范公台、古槐、古槐歌以及歌颂范公的诗等都进行了较为详细的记载。以下，笔者对于邱琮玉的记载予以引述、释解与补充说明，以光前人之迹，并就教于方家。

关于府署及范公台

府署，也称官署，又称府廨。对于青州府署，明代嘉靖《青州府志》以及清代青州府、（益都）县志乘均有记载。府署几经易址，于康熙十四年（1675），"知府周彦皋又移城东北，即今治也……相继修。前为大门，再进为仪门，为正堂，颜曰'至道'。后为川堂，为印堂，颜曰'希范'。堂后有亭……后为正宅，久圮。"（这里记述的府署旧址即在今青州蚕场处）三十八年（1699）知府张连登重修，并有记。《记》云：外宅门里"又东厢北为槐荫轩，楹凡五，以接宾僚。东北有石台焉，茸新之。"（清光绪《益都县图志·营建志》）从以上这些记述可以看出，青州府署前为办公场所，后为居宅和接待"宾僚"之处。"东北有石台"即后之所称"范公台"也。邱琮玉在引述《寄庵诗抄》中的诗以后，写道："据此，知署内有慕范亭，不惟希范堂也。"又写道：民国六、七年间，"范公台石额，亦移之西门处三贤祠之石堰"。笔者对范公台碑的考查及《青州三贤》中的载记与这些记述是完全一致的。三贤祠澄清轩之北是石墙，石墙之上建花墙，花墙南侧即范公台碑。关于范公台的具体情形，上文已明，此不需赘述了。

关于古槐及《古槐歌》

对于范公台上的古槐及《古槐歌》，邱琮玉记述道："府县《志》不载槐与台。盖以府署建于明初，是否即宋之州署，无可征信，不载不为失。槐有三，皆称将军，一犹存。署内东北隅槐神庙，列三主，曰大将军、增福将军、增寿将军。"这段记述辩证而有风趣，说其辩证，是对府县志书不载槐与台的分析；说其风趣，是写府署后院东北隅竟有"槐神庙"，石台上原有三棵古槐，竟分别有"将军"名号。只是对于"犹存"的一株古槐，未明其是何将军之称谓。

因古槐奇特，又在范公台上，故多有名人咏之。邱琼玉记有《寄庵诗抄》中《古槐歌》的摘句，未具体记述翁方纲的《青州府廨古槐歌》及其刻石。对于《寄庵诗抄》中的诗与歌，留待后文再述，这里重点阐释翁方纲的《古槐歌》及刻石。

翁方纲是人们比较熟知的历史名人，以下只作简略介绍。

翁方纲（1733～1818），清代书法家、文学家、金石学家。字正三，号覃溪，晚号苏斋。直隶大兴（今属北京）人，乾隆十七年（1752）进士，授编修。历为广东、江西、山东等省学政，官至内阁学士。精于金石、谱录、书画、词章之学，书法与同时代的刘墉、梁同书、王文治等齐名。论诗创"肌理说"。著有《粤东金石略》《苏米斋兰亭考》《复初斋诗文集》等。

《山东通志》记载：翁方纲于乾隆五十六年（1791）被任命为山东学政。而行世文章或著作，多传抄误书为乾隆五十三年了。从《翁方纲年谱·三》可知，乾隆五十七年（1792）翁方纲到山东各地督察学事。《年谱》载：乾隆五十七年壬子，"闰四月十四日，起马，登州府至青州府，五百九十里"。"闰四月二十一日，按临青州府"，当时他就住在府署后院接待"宾僚"之所。他在青州留下了不少墨迹，最知名的要数《青州府廨古槐歌》，其刻石，现存于青州市博物馆刻石陈列室里。碑刻全诗后的落款是"乾隆壬子十月北京翁方纲"。大概是由于碑刻落款的时间为"十月"的原因，所以行世的著作和不少文章便断定：翁方纲在青州府廨"一住就是半年"。其实这是一个误解。

从《翁方纲年谱》得知：乾隆五十七年，翁方纲督察山东学事，"五月十三日，起马，自青州府至武定府，三百十五里"。以后便是"六月，按试济南"；"八月，按试兖州府"；"九月八日，按试曲阜"；"十月四日，按试沂州"……所以，在青州"一住就是半年"的说法是不成立的。这是重要的一证。还有，碑刻在《古槐歌》之后、落款之前有一行小字："适托晴岩郡伯为拓琅琊秦篆碑也"；同时，在《年谱》中著录的诗歌题目是："《青州府廨古槐歌，为晴岩太守赋》"。"晴岩"何许人也？经多方查阅，晴岩即"公猷"。光绪《益都县图志·官师志》载："公羕，满州镶黄旗人，笔贴式。乾隆五十五年任。"公羕与翁氏时间相吻合。又（清）法式善著、许征整理《梧门诗话》之三："兰岩之弟晴岩太守公羕有'月淡孤村影，风寒落叶声。'亦佳。"由此可知，晴岩即公羕无疑。且公羕在乾隆壬子中秋《古槐记》诗，又与翁氏《古槐歌》相吻合。

《古槐歌》中写道："此槐不知几百年，轩名久已故老传。想见亲书伯夷颂，清风应在希范前（槐荫轩前有希范堂）。"可见翁方纲对范仲淹的景仰之思以及想亲睹范公《伯夷颂》手书的渴望之情。

关于《寄庵诗抄》中的诗与歌

对此，邱琮玉在《青社琐记》中记述较详。《琐记》在"府署范公台古槐"条目下，记述"府署有范公台"一句后，即记录了《寄庵诗抄·登范公台诗》的原诗。

在这里，需要先释疑《寄庵诗抄》。

《寄庵诗抄》是清代名宦刘大绅的诗集。刘大绅（1747～1828），字寄庵，云南宁州（今华宁）人。清乾隆三十七年（1772）进士，四十八年（1783）任山东新城（今桓台）知县，适值三年大旱，大绅极力拯恤，不惜捐薪俸施粥，救活众多饥民，百姓爱之如父母。五十一年（1786），令调曹县知县，桓台百姓遮道挽留。正遇钦差和道员过境，数千百姓向他们哀求，遂得再留任新城一年。五十二年任曹县知县，后又任朝城（今莘县）知县。嘉庆元年（1796）任青州府海防同知。光绪《益都县图志·官师志》有简略记述：

"刘大绅，进士。初仕东省，以事罢职。嘉庆元年，荐署青州府海防同知。好诗书，齐鲁诸生多游门下。既莅青州，以间曹多暇，率其门人游览山水，搜罗金石，吟诗唱和，以相砥砺。诸生熏其德，文行并进焉。数月，迁武定府同知。卒，祀名宦。"

可见，刘大绅是当时一位较受百姓爱戴的封建官吏。他对范仲淹是十分敬仰的，邱琮玉摘录了刘大绅的一首五言古体《登范公台诗》的部分诗句："青州贤太守，范公吾师之。公昔游观处，层台高不危。""志亭尚解事，慕范不吾欺。"

刘大绅把范公尊为"贤太守",并且将之奉为"吾师",把他当作学习的榜样。这一方面可以看出,历代官吏都把范公奉为楷模,可见范公精神影响之深远;一方面也可看出刘大绅为官行政、为人做事的精神境界。

邱琮玉对于刘大绅的《古槐歌》,也是引载了数句:"呜呼!松园矮松今已无,仍见古槐范公高台隅。矮松不知谁所植,此槐公之手种言非诬。""青州几人为尔赋,丹书石刻留墙阴。"先引的五句,以松园里的矮松不存与范公台上古槐犹在相比照,从而发出了时过境迁的历史浩叹。后引的两句,就是指的翁方纲的《古槐歌》和碑刻了。

撰写此文,旨在解读邱琮玉《青社琐记》中的一段记述文字,补充笔者《青州三贤》中对范公台碑记述之不足,释疑某些认识模糊的问题。如有不妥之处,敬请方家指教。

解读范仲淹在青州写的一首诗

根据有关资料考证,北宋著名政治家、军事家、文学家范仲淹,任青州知州时间只有一年。他知青州不仅时间短,而且"年高气衰",身体羸弱多病。虽然如此,但他在青州还是留下了很多惠政于民的事迹,同时还写下了不少奏章和诗篇,其中有一首题为《寄乡人》的诗,笔者从接触到逐步学习识读,经过了较长的时日,感受颇深,又一次体会到:学无止境,为学不易。

笔者学习和解读范仲淹的《寄乡人》诗,主要有三个时间节点:一是20世纪80年代中期刚任青州史志办公室主编的时候。那时,因厘定范仲淹新传,初见传记中所引述的这首诗。

"长白一寒儒,登荣三纪余。百花春满地,二麦雨随车。

鼓吹前迎道,烟霞指旧庐。乡人莫相羡,教子苦诗书。"

这一次仅是初识,不知道其中若干的曲折与内涵,可以说是浅尝辄止而已。二是21世纪初至2009年,笔者在编辑出版《青州三贤》的时候,对范仲淹的这首诗,又进行了比较翔实的了解和研读,但是还不能说深入其中了。三是2015年在编辑整理《范仲淹知青州》一书的时候。这时,才对范仲淹这首诗所涉及的相关问题,进行了条分缕析的比较和探析，但是还不敢说豁然于胸了，有的问题仍然疑窦存焉。

学习这时间越长，感触越多，故笔者将认读与探究这首诗的几个问题，分别予以阐述，以期与方家交流并希望得到匡正。

其一，关于诗的出处

范仲淹的《寄乡人》诗载于多种书籍，最常见并且多有差异歧出者主要有三种。一是北宋人王辟之的《渑水燕谈录》。这本书的新版，于1981年3月由中华书局印行。作者王辟之，文籍多记为临淄人，山东大学历史文化学院李森教授考证为青州益都人。所引上诗就是录于《渑水燕谈录》的版本。二是多种古本的《范文正公全集》。《全集》中收录的南宋楼钥的《范文正公年谱》，在大中祥符八年（1015）条下收录了这首诗。诗文与《渑水燕谈谈》有所不同，如第二句为"名登二纪余"，第三句"地"为"路"，第四句"麦"为"月"，第五句"前迎道"为"迎前道"，尾句"苦"为"读"。三是《范仲淹全集》。该书由四川大学出版社2007年11月出版，李勇先、王蓉贵校点。其中册的《范文正公集续补卷第一》中收录《寄乡人》诗，并作了多种版本的字词比较辨析。

以上诸书，虽是载记范仲淹的同一首诗，但题目与字词、创作时间及地点等多有分歧。

其二，关于诗的写作时间

同一首诗，出处不同，著录的写作时间也不一样。综合之，主要有两个时间。一是宋真宗大中祥符八年（1015），事见楼钥的《范文正公年谱》；一是宋仁宗皇祐三年（1051），事见王辟之《渑水燕谈录》卷七第89页。

从众多的资料和多人的分析研究证明，把此诗定在作于范仲淹27岁"登第后"的时间是不对的。楼钥（1137～1213），南宋大臣、文学家。官至吏部尚书兼翰林侍讲、资政殿学士，会掌握大量的史料，那么，楼钥怎么就把范诗写作的时间弄到了大中祥符八年呢？这需要从范仲淹的身世来解读。

范仲淹两岁而孤，四岁时母亲改嫁淄州长山（今属山东邹平）朱文翰，遂改名为朱说，在此生活了18年之久。这一段随母改嫁的事实，在两宋程朱理学兴盛的时期，是讳莫如深的。楼钥出于维护封建伦理道德的立场，又加之"为贤者讳"的儒家信条与原则，所以极力回避范母改嫁一事，便把范诗载于"登第"之年的条目下了。对此，邹平王红先生在著作中作了深刻的分析与批驳，他写道：楼钥对该诗"如此漏洞百出、自相矛盾的拙劣篡改，许多专家学者不假思索，顺手引用在自己的文章著作中，实在令人不解……说白了，还是那个自两宋以来逐渐强化的旧礼教旧观念在作祟，总有些人不愿承认或有意回避范仲淹随母改嫁淄州长山一事"①。笔者以为，王辟之在《渑水燕谈录》中的记述是可信的（下文尚有论述）。此诗写于范仲淹知青州的皇祐三年（1051）应当是正确的。

其三，关于诗的题目

范仲淹的这首诗，各版本所录，字句虽有几处不同，基本相去并不是太大。但是，所录题目却大不相同。

与范公本诗相关的多数主要书籍，把诗的题目著录为《寄乡人》；王辟之的《渑水燕谈录》中无题而题明；楼钥的《范文正公年谱》中只著录全诗而无题。与《寄乡人》之题不同者，是王红先生的《范仲淹故事评传》以及有些现今邹平人写的文章与著作中。王红先生在《范仲淹故事评传》第232页写了这样一段文字，今综合引述如下：

范公赴任青州路上经过淄州长山，礼参父老乡亲，"即兴写下了一首情意真挚的《留别乡人》诗"……"治平二年（1065）长山人韩泽知县事，创建范公祠时，将范仲淹《留别乡人》一诗镌刻于碑"……40多年后，王辟之"采录入《渑水燕谈录》中"。那么，同一首诗的题目为什么如此不同呢？对此，笔者将在下文予以辨析。

其四，关于诗的写作地点

由于人们对诗的写作地点认知不同，所以收录此诗的题目便不一样了。

主张诗题为《留别乡人》者，说此诗写于淄州长山（今属邹平）。就是说范仲淹在赴任青州时经过长山，礼参长山父老，以诗"留别乡人"。王红先生在著作中专设一标题曰"礼参父老"，就是写的这件事

---

① 《范仲淹故事评传》第233页

情，综合其摆出的理由主要有四个：1. 礼参之处"后人取名'礼参坡'，即今礼参店村"；2. 明代"王渔洋曾祖父开封太守王之都，在此创建'三贤祠'"，三贤之一就是范仲淹；3. 北宋"治平二年（1065）长山人韩泽知县事，创建范公祠时"，有碑记；4. 四十多年后，"青州人王辟之将《留别乡人》一诗采录入《渑水燕谈录》中"。

看来，以上理由也算充分，但细究起来，主要有四个方面的疑点。

1. 阅读韩泽的《新建范公祠记》，顿生疑窦。为什么呢？范公赴任青州，路过淄州长山，礼参父老，无疑是乡邦之大事、盛事、荣耀事，值得大书特书。韩泽撰《新建范公祠记》时是治平二年（1065）三月，距范公长山"礼参父老"仅14年，离范公病逝徐州才13年。韩泽是为新建范公祠撰写碑记，然而，韩记中只字未提这件"礼参父老"、荣耀乡里的大事，也未提临别留诗之事，这就奇怪了，于文理、事理、情理皆有悖于"理"。韩泽是长山县人，又"出宰是邑"，有如此违背情理之事，似乎不大可能。由此碑记内容或许可以推论，是否有县宰率父老迎接范公之事。

2. 宋人王辟之在《渑水燕谈录》中的记述，像是有意纠误的。王辟之该书中这样记载：范公"仕宦四十年，晚镇青，西望故居，才百余里，以诗寄其乡人"。王辟之，宋仁宗天圣九年（1031）生，范公到青州时，他20岁。英宗治平四年（1067）进士。哲宗绍圣四年（1097）辞官回家，优游乡里，留意文化，多方采访，便写成了《渑水燕谈录》一书。搜集和撰写该书时离范公镇青州也就是四十余年。按情论理，范公赴青是否经过长山以及诗的写作地点，王辟之应该是清楚的。他写的是"望故居"，而不是"经"，一个"望"字，含义毫不含糊，非常明确。"以诗寄其乡人"，虽然没有正面写题，但题目已经很清楚，并不是《留别乡人》。以诗"寄其乡人"与"留别乡人"，其所处的场境和写诗的角度显然是大相径庭的。他的这段记述，像是在有意纠正当时社会上的某些不正确的流行说法呢。

3. 诗题不同，含义便大不一样。主张范公赴青州绕道经淄州长山者，所记诗题是《留别乡人》，题意自明，是相见而又"留别"之吟。但是此诗题不见于相关的古籍，而多见于今邹平人写的文章或著作中。但是，《寄乡人》诗题见于众多的古籍中。上文已明，由李勇先、王蓉贵校点的《范仲淹全集》一书，收录《寄乡人》一诗，并多方面予以考证比较，只辨字词之不同，未辨诗题之差异。以上若干实例充分说明，多种古籍版本诗题是《寄乡人》，而不见《留别乡人》。

笔者此文，意在让广大研究者开阔思路，对这一问题进一步予以探究，以期得出正确的结论。这也是文章开头便说的，"有的问题仍然疑窦存焉"的缘由了。

王曾举荐范仲淹

王曾与范仲淹之间，有一段载于正史、被世人赞为君子之交的佳话。

王曾（978～1038），北宋益都（今青州市）人，状元及第，官至宰相。范仲淹知青州时，王曾已经过世十多年了。然而范仲淹政治生涯中的关键一步，是与王曾的举荐分不开的。

王曾是范仲淹非常敬慕倚重的人物。范仲淹曾几次上书王曾，得到王曾的赏识和举荐。北宋天禧三年（1019），范仲淹任亳州从事时，曾上书给时知大名府的王曾，题为《上大名府主王侍郎启》。上书一方面表述了他对王曾高山仰止的崇敬之情："知府侍郎声盈天渊，道润金璧"，"明明诏下，诸侯修北海之书；穆穆宾来，天子得平津之策"；一方面也表白了他希望得到王曾举荐的由衷心迹："入拜侍郎之庭，载绅垂缨，出预将军之幕，当瓜期之未及"。这一年，范仲淹改任秘书省校书郎。次年，王曾除参知政事。

天禧六年（1022）王曾拜相。天圣二年（1024）为首相，执政长达五年半之久。范仲淹在守母丧期间，经过深思熟虑，于天圣五年写成洋洋洒洒万余言的《上执政书》，呈于王曾。这是范仲淹极为重要的执政论文之一，这不仅是他日后恪守的施政纲领，而且也是他改革思想的最早蓝图。后来苏轼在其《范文正公文集序》中写道："公为万言书以遗宰相，天下传诵。至用为将，擢为执政，考其平生所为，无出此书者。"王曾独具慧眼，对范仲淹的万言书极为赏识。天圣六年（1028），晏殊在枢府，欲荐一士为馆职。王曾对晏殊说："公知范仲淹，舍而他荐乎？"于是，晏殊就举荐范仲淹，说他"为学精勤，属文典雅"，"曾任泰州兴化县，兴海堰之利"，"儒者之行，实有可称"……这一年，范仲淹服除，因晏殊荐应学士院试，十二月授秘阁校理。至此，范仲淹在宦海多年沉浮于下僚后，终于在仕途上迈出了关键性的一步。人才的脱颖而出，除了自身的素质外，前辈的举荐、提拔也是十分重要的因素。可以说，王曾对于范仲淹的升迁堪称有伯乐之功。

王曾为国推荐选拔人才，毫无树己党羽之意，更不图被荐用之人报恩，被他推荐的人往往都不知道是谁推荐的。王曾这种荐才为公的高尚品德是十分可贵的，也是非常感人的。具有"先天下之忧而忧，后天下乐而乐"胸怀的范仲淹对此也十分钦佩。元代脱脱在《宋史·王曾传》中这样写："曾进退士人，莫有知者。范仲淹尝问曾曰：'明扬士类，宰相之任也。公之盛德，独少此耳。'曾曰：'夫执政者，恩欲归己，怨使归谁？'仲淹服其言。"清光绪《益都县图志·列传》引《儒林公议》也说："王曾仆射有台宰量，初进擢时材，不欲人归恩与己……范仲淹被遇极深，尝赞之曰：'久当朝柄，未尝树私恩，此人所难也。'公曰：'恩若自树，怨使谁当？'识者以为明理之言。"

王曾知人、识人、举荐和任用人才，可谓不遗余力。他发现和任用范仲淹，历史功绩非小，这一点，可以说是青州人的骄傲！范仲淹执政后，善于向前辈政治家学习，同样也是不遗余力地识拔、荐举人才，两人一脉相承，在人才培育史上留下了千古佳话！

八、附　录

（一）遗迹遗踪

范仲淹知青州，时间虽然很短，但留在青州的遗迹、遗踪很多。有的虽然已经不复存在，在此也存其梗概，使读者知其来龙去脉。

范公亭公园

在青州城西隅，有一处幽雅而美丽的园林——范公亭公园。因园中有范公井亭（俗称范公亭）而名，公园门楣大字由著名书法家武中奇题。公园总面积 198.22 亩，南阳河流经园中。园中有范公亭建筑群、李清照纪念祠建筑群、洋溪湖等。

公园的南边有一院落，古木参天，青竹挺秀，建筑典雅，古色古香。大门西向，门楣"三贤祠"三字方正浑厚，颇具魏晋飘逸之风，为原中国书法家协会主席舒同所题。三贤祠里奉祀着宋代青州的三位知州——富弼、范仲淹和欧阳修。

进祠门为范公井亭。亭东即为三贤祠。祠西有花卉园，多种花卉，争奇斗艳。三贤祠北是洋溪湖，1985 年建成，面积 2 万平方米。湖西侧有院，为李清照纪念祠，门额由著名诗人臧克家题书。

2006 年以来，中共青州市纪委把三贤祠辟为廉政文化教育基地。2008 年，山东省纪委、监察厅对 10 家省级廉政教育示范基地授牌，青州市三贤祠廉政文化教育基地是其中之一。

范公井亭

三贤祠门里不远为范公井亭。亭为石柱、砖木结构，六角飞檐，亭顶窗开，与井泉相对，天光下射，水光潋滟，别有一番情趣。井亭的构建为什么有这一特点呢？一方面是因为采光的需要。另一方面则寄托着人们仰望青天、对惠政廉吏的渴望之情。井亭迎门两柱刻石对联为："井养无穷兆民允赖，泉源不竭奕世流芳"；后石柱联为："四境著闻行所无事，千年遗址因其自然"。对于范公井亭，明嘉靖《青州府志》记载："范仲淹知青州，有惠政，洋溪侧出醴泉。公构亭泉上，郡民感思，俱以范公目之。""范井甘泉"为当地古八景之一。这就是范公井亭名称的缘起及其形成的大体过程。宋时，王辟之在《渑水燕谈录》中是这样描写这里的："环泉古木蒙密，尘迹不到"，"真如物外之游"。范公井亭历代多有修葺，说明大家对其景仰之意绵长久远。

范公祠

范公井亭之东为三贤祠。三贤祠坐东面西，南北排列，中间是范公祠。三祠相连，中间高而两侧低，掩映于唐楸宋槐之中。

宋代，范仲淹知青州时，南阳河畔醴泉涌出，范公为便于州民用水，开泉为井，构亭其上，后人称范公井亭。范公离青后，州民在井亭之东建祠祀公，名范公祠。

先时，三贤是分祀于不同地方的。后经多次移址和修葺，才合建到了一起。为什么范公祠高而富公、欧阳公祠低呢？一是范仲淹名气高影响大，在庆历新政改革时，富弼、欧阳修是副手，范仲淹是主持者；二是范仲淹年长，是先辈，对富弼、欧阳修都有提携之功。清代张玉树《重修宋三贤祠记》中曾有述及。

祠内，历代多为泥塑范公像，民国间周贵德《青州纪游》中曾写道："殿中塑公像，庄严肃穆，令人起敬。"现祠内的范公铜像是2004年1月落成的。

后乐亭

至清代，对三贤祠多有修葺，取范仲淹"先天下之忧而忧，后天下之乐而乐"之义，在三贤祠后建"后乐堂"（又称"后乐亭"），此亭高敞清雅，别有韵致。光绪《益都县图志》有简略记述：祠之后，即崇基之上构亭，额之曰"后乐"。清代有树徕的《后乐亭记》。亭内后壁上镶嵌多幢诗碑，已在本书第六部分书明。

范公台

据清光绪间举人邱锦方（名琮玉）《青社琐记·卷二》记载："府署有范公台。"《寄庵诗抄·登范公台诗》："青州贤太守，范公吾师之。公昔游观处，层台高不危。"还有诗句云："志亭尚懈事，慕范不吾欺。"邱锦方由此推断："署内有慕范亭，不惟希范堂也。"邱又写：民国六、七年间，"范公台石额，亦移之西门外三贤祠之石堰"。

邱锦方的记述，与三贤祠中的范公台石碑情况相吻合。

范公台石碑之南为澄清轩。

范公亭路

因范仲淹知青州，三贤祠中有范公亭而命名。此路西起范公亭公园，东到东环路，中间以云门山路为界，分为范公亭西路和东路两段。西段为青石铺路，两旁为古槐；东段为沥青铺路，两旁为法桐。树木枝繁叶茂，阴翳遮日，夏日清凉。人行其间，自生怀念范公之情。

石子涧

范公游览吟诗抒怀的地方。石子涧所形成瀑布的高崖已在"大跃进"年代被炸飞了,"石涧冰帘"的壮美景观从此便不复再现。而今,石子涧旁楼房拔地而起,社区名称呼作"九龙居"。

表海楼

表海楼亦名表海亭,俗称望海楼。范仲淹登临远望、吟诗抒发向晚之情的地方。旧址在东阳城和南阳城之间的万年桥(俗称北大桥)北侧,不知创自何代。北宋末年,毁于兵燹,唯存古台。明成化间,知府李昂移建于北关西,嘉靖初年重修。2008年城建规划:在南阳河北岸恢复"宋城",重建表海楼。但"表海楼"地址未落实。

南楼

北宋间,南楼是官员们游宴、休息或观赏风光的地方。范公于皇祐三年(1051)夏秋之交的一个晚上,曾登上南楼。写下了题为《南楼》的五言古诗,抒发了自己高洁情怀。

范公石

王辟之《渑水燕谈录》卷八记述:淄州淄川县梓桐山石门涧有石曰"青金",色青黑相杂,其文如铜屑。或云即自然铜也,理细密。范文正公早居长白山,往来于此,尝见其石。皇祐末,公知青,遣石工取以为砚,极发墨,颇类歙石。今东方人多用之,或曰"范公石",然不耐久,久则不免断裂。

另外,像是"范公亭宾馆"等一些店铺名号,也与范仲淹知青州有关,由此可见范公对青州影响之深。

（二）逸闻趣事

范公知青州，留下了不少逸闻趣事，今把著者所收集与编写的，收录于下。

焚烧画像

米方是范仲淹的藏书总管，精于画，他跟随范公多年，深为范公德行政绩所折服。他随范仲淹到青州后，见范仲淹疾病缠身，仍然躬亲政务，身体一天不如一天，米方心中不忍，想给范公画幅像，为范公百年后留个纪念。他深知范仲淹的为人和脾气，试探地与范公商量。公问："无故，画像何为？"米说："树有墩，官有根，大人一旦离，青民观容颜。"范公摇头不允。然而米方想为范公画像的事，时时搁在心上。在一个月明星稀的晚上，米方来到范公书房窗前，透过窗纱，窥见范公正端坐看书。米方心中怦然一动：何不趁着明月，偷偷为范大人画一幅像呢！米方回房取来纸笔，蹑手蹑脚地重新来到窗前，一会儿工夫，一幅范公灯下读书的肖像就画出来了。

第二天，米方正在房里欣赏昨晚偷画的范公像，忽然听到传唤，说是范大人有请。米方来到州衙，看到客厅里聚集了不少官员。只听范仲淹说："我近来身体越来越差，自感难以支撑几年。以前我从不让人画像，今天我有心让人画一幅。"范仲淹把话停了停，看了大家一眼，然后把目光落在米方脸上，接着说，"米总管的画技不是很高超吗？"米方一听，以为范公真的想让人画像了，忙说："画技不能说高超，但绝不会损污大人的尊容。"范仲淹连声说："好，好。"但范公突然把话锋一转："那就快拿出作品来让大家欣赏欣赏吧！"米方一愣，惊疑地问："什么作品？"范公一笑，"墙打千遍也透风，月光窗前总留影。"米方一听，知道瞒不住了，扑通跪在地上，连声说："请大人恕罪！"范仲淹急忙把他扶起来，说："何罪之有，快去拿来，让大家欣赏一下吧。"

范仲淹立即叫仆人与米总管一起去取。路上，米方心想，挨批问罪倒不要紧，怕是画像一到范大人手里，就难留存于世，以后再画就更难了。米方边走边想，来到住处，将仆人让在客厅，沏上茶，说："你等等，我去取像。""好，我慢慢地品——"仆人也有意为范公留下一幅画像，便把"品"字故意拉得很长。米方心领神会，在内屋忙活了一阵子，才满头大汗地出来，说："走，快去复命！"

范仲淹把画像呈上，范仲淹当众展开，大家一看，齐声赞道："好，像极了！"范仲淹微微一笑："我有这么好吗？我看不怎么样。"众人正惊异间，范仲淹突然把画点燃，说："留之无益，不如焚之！"有人待去抢时，画像已成灰烬。僚属都惋惜不已。范仲淹一本正经地说："以后作画，要多画山川花鸟，不要随意为官员们画像，更不要画我！"从此以后，州衙里再没有人敢提画像的事了。

范仲淹离开青州，州民在范公祠正中悬挂起范公画像，让人瞻仰。画像端庄，眉目传神，犹如范公再生。据说，这就是米方借着月光画的那一幅呢。——原来，米方画技精熟，借仆人品茶的工夫又临摹一幅，而将原作珍藏了起来。

调药治病

范仲淹知青州时，虽然年老多病，但他还是抽时间到街头田间走走，访查一下乡土民情，体味一下民间冷暖。皇祐三年（1051）初夏的一天，他出城沿南阳河岸走向田间，见田埂上几个农民正议论着什么，便凑过去，见那几个农民眼睛红肿，满眼流泪。范仲淹问道："你们这是怎么啦？"几个农民见是范大人，慌忙跪地。范仲淹扶起他们，又问："眼睛怎么这么红啊？"一个农民不好意思地说："我们害了眼病，又疼又痒，怕见光，见风流泪，厉害的不敢出门。""这一带村里的人大都害了这种眼病，眼下就要麦收了，可怎么办啊？"另一个农民焦急地说。范仲淹想靠近看看，农民急退一步，制止说："大人别靠近，这病着（方言，意指传染）人！"范仲淹暗暗自责：老百姓有病，自己在衙署里什么也不知道，耽误了农时怎么办？我算什么父母官！他深情地对农民说："我想想办法。"

范仲淹回到衙署，立即令衙役深入乡间，一是了解青州附近多少人害这种眼病；二是向民间乡医访寻治这种病的验方。不几天，衙役们回来禀报，并收集到了用草药治这种眼病的几个验方。接着，范仲淹让人跟着乡间郎中上山采集药草。他按方调制草药，派人送到村里，让患眼病的煮药洗烫，果然药效极好。他又令所属州县：如有眼病流行，也如法炮制，为民治病。由于措施得力，青州一带的这种红眼病很快得到控制。老百姓非常感激，都说范大人是救苦救难的"活菩萨"。

就在这时，南阳河畔咕嘟嘟冒出一股清泉来，清澈甘洌，用这泉水调药治眼病，疗效特好。青州附近老百姓争相取用，人们称这泉水为"神水"，说是范大人的德行感动了上苍。范仲淹为了保护这方泉水，为老百姓用水提供便利，想盖一个亭子将泉水保护起来。人们一听，踊跃出工献料，不几天，就在泉水处以砖石砌井，并在井上建起了亭子。范仲淹离开青州后，人们感念他为民造福的德行，亲切地称为"范公井亭"。

旧志记载：医家用此水制成一种丸药，叫作"青州白丸子"。据说这种丸药对治疗风痰痈盛、呕吐涎沫、口眼歪斜、手足瘫痪以及小儿惊风等症，十分有效。"青州白丸子"因此名扬天下。后来皇帝也派内臣到青州范公井取水制药。人们都说：这是范公的德行名扬天下了！

乌纱镇洪

范仲淹知青州的时候，曾经组织州民进行过一场抗洪救灾。故事流传下来，人们出于对范公的爱戴，竟然有些神化了⋯⋯

那是皇祐三年（1051）的夏天，青州一带阴雨连绵，南阳河水暴涨起来。范仲淹见大雨不停，唯恐洪灾殃及百姓，心中非常焦急。他带人顶风冒雨，不分昼夜地到河堤上察看水情，组织民工在河两岸严阵以待。对于治理洪水，范仲淹是有经验的。他曾带领几万人修筑了泰州附近的捍海堤，挡住了肆虐的海潮；他被贬知睦州时，又组织人力疏浚西湖，杜绝了水患；他知苏州时，也曾带人治理了太湖积水⋯⋯虽然治水经验丰富，但范仲淹一点也不敢懈怠，他知道，如果稍有疏漏，就会给老百姓造成不应有的灾难和损失。

有一天，雨下得特别大，就像从天上泼下来一样，南阳河水急剧上涨，眼看就要漾出岸来。范仲淹急忙组织民工担土筑堤，可是堤筑一尺，水涨十寸，情况万分危急。这年范仲淹已经63岁了，多病的身体又经几天的劳累，真有些支撑不住了。突然一阵狂风刮来，他打个趔趄，差点儿摔倒，乌纱帽也被吹落在地。人们忙把乌纱帽捡起来，上面已经满是泥水了。有人要给他戴上，他接过乌纱，望着肆虐的洪水，不禁长叹一声："身为州官，连一方百姓都不能保护，何以为官？"说着把乌纱帽狠狠地扔到滚滚的洪水之中。

大自然中有些事情也真够巧合的！说来也怪，乌纱帽落到水里不久，肆虐的狂风似乎失去了威力，如注的暴雨也稀疏了不少，汹涌的洪水好像也平缓了一些。过了一会儿，竟然风停了，雨住了，渐渐地，河水不再上涨了。岸上的民工和百姓们高兴地跳跃着，欢呼着。

突然，有人高声喊起来："快看啊——范大人的乌纱帽在那里呢！"人们随着那人指的方向望去，在河岸一棵探向河水中的大柳树枝上，范公的乌纱帽还端正地挂在那里呢！这时，有几个小伙子想跳上小船去捞，被范公制止了，说："一顶乌纱有何大用？由它去吧！"说着离开这里。人们情不自禁地齐刷刷跪下来，对着河中的乌纱，望着远去的范公，叩起头来。说："范大人真是神人啊！"

祭奠尧王

宋仁宗皇祐三年（1051）的重阳节，天高云淡，秋风送爽，正是登高怀远的好时节。范仲淹的身体虽然越来越不行了，但他还是想借这个好日子，祭拜一下尧王，察看一下民情。于是，他乘上一台小轿，出东阳城门，朝着州城西北的尧王山方向而去。

九月九日是尧王山庙会，这一民间习俗已经延续了很长的历史。这一天，通向尧王山的小路上行人络绎不绝，大多是来赶庙会的。人们看到是范大人的轿子，便都停在路边，让范大人先过。这时，范仲淹也急忙叫轿夫停下，走出轿来和人们打招呼，与他们亲切交谈。

范仲淹来到尧王山下的时候，尧王庙前已经聚集着很多人。范仲淹由轿夫搀扶着，也向尧王庙走去。上山的人们见了范大人，都深怀范公的恩德，齐向范公跪拜。范仲淹一看，忙上前扶起他们，说："不要这样，我们一起去叩拜尧王吧。"说着与人们一起向山上登去。

尧王山坡并不陡峭，不多时，范仲淹就来到了尧王庙前。这时，人们已在尧王塑像前摆好供品，点起香，烧起纸，向尧王叩起头来。山上山下都是人，纸灰飘飞，香烟缭绕，祝愿声、祈祷声此起彼伏。山坡下的平阔处还搭起了戏台，唱起戏来。笙箫阵阵，锣鼓声声，一片热闹景象。范仲淹今天的兴致也特别高，一会儿与人们交谈，爽朗地笑着，一会儿站在高处，环目四望，一会儿又凝视着尧王塑像，沉思良久……这一天，范仲淹想得很多很远，极富感情地写下了一首题为《尧庙》的五言律诗。

尧庙，亦称尧山祠，建于南北朝时期，对这座庙宇，多种典籍都有记载。如《水经注》引《从征记》这样写道："广固城北三里，有尧山祠，尧因巡狩登此山，后人遂以名山，庙在山之左麓，庙像东面，华宇修整，帝图严饰，轩冕之容穆然。山之上顶，旧有上祠，今也毁废，无复遗式。"范仲淹在《尧庙》这首感遇诗中，借古喻今，热切地盼望能够出现像尧舜禹那样的圣明帝王，殷切地期望宋王朝任用贤能，致力改革，除弊兴利，造福于民。这首诗，是范仲淹"致君尧舜上"思想的表露，同时也微微透露着他对当今帝王隐约规劝的情绪。在范仲淹的身上，忠君、爱国、廉政、爱民得到了和谐的统一。

在"大跃进"年代，尧庙被拆除了。近几年，尧王山之东康家庄以及远近不少村庄的村民们又集资在尧庙遗址上建起了尧王殿，祭祀尧、舜、禹三位帝王。重阳节祭奠尧王的风俗一直传承着，范仲淹的诗篇和故事也一直流传了下来。

望乡情深

范仲淹知青州时，已经 63 岁了，且体弱多病，时有难以支撑的感觉。人到了老年，一般都很容易回忆旧事，回忆家乡，回忆年少时候的事情。范仲淹在青州，离他幼年和青少年读书、生活的地方西去不远，因此，他有时注目西望，思乡之情油然而生。

有一天傍晚，范仲淹望着西边群峰上的彩霞，便回忆起了 40 多年前的一幕幕情景，心中不禁有些黯然。有人为宽慰其怀，便打趣他说："落霞与孤鹜齐飞，秋口至长山一百"（"一百"，指一百华里）。这一趣联，容含着范仲淹小时候的一段不寻常的往事。

他两岁的时候，父亲不幸病故，母亲谢氏无依，在仲淹四岁时再嫁时为平江（今江苏省苏州市）推官的朱文翰。仲淹遂改为朱姓，取名朱说。朱文翰是淄州长山县人，谢氏跟随朱文翰在淄州时，居住在秋口（今淄博市博山区驻地。这里西有峨岭，东有荆山，中为秋谷，秋谷之口称秋口，旧为博山八景之一）。当时，范仲淹在长白山醴泉寺（今属邹平县）读书，他为探视母亲，经常往来于长白山与秋口之间。范仲淹对这一段生活的印象实在太深了，他晚年知青州，离秋口不远，对这段往事怎么能够忘怀呢！

在长白山的生活和在醴泉寺读书的经历，范仲淹是永远也不会忘记的。他为青州知州时，宋代王辟之在《渑水燕谈录》卷七中就写到与此相关的一些事情："范文正公未免乳丧其父，随母嫁淄州长山朱氏。既冠，文章过人，一试为南宫第一人，遂擢第。仕宦四十年，晚镇青，西望故居，才百余里，以诗寄其乡人……"之后，《渑水燕谈录》抄录了范公的五言律诗：

长白一寒儒，登荣三纪余。
百花春满地，二麦雨随车。
鼓吹前迎道，烟霞指旧庐。
乡人莫相羡，教子苦诗书。

诗的首联，范仲淹自称是长白山的一个贫寒书生，经过三纪（一纪为十二年）多的宦游，终于荣归故里。在宋代，长山县属淄州，隶属青州。范仲淹知青州，所以诗的开句这样写便是很自然的了。尾联与首联相呼应，范仲淹这一"寒儒"，在长白山醴泉寺读书时，确实是异常艰苦的，他每晚煮少许米粥，盛在碗里，冷却后划为四块，早晚各食两块，没有咸菜，就到山上挖些野韭菜，切碎后拌上点儿盐吃，这就是广为流传的"划粥断齑"的故事。诗中用了"乡人"一词，更加亲切感人，可以看出范仲淹对故乡后人寄予着多么殷切的期望！

（三）著者诗文

多年来，著者曾写过不少诗文歌颂范公，有的未能收录本书正文中，故择选部分诗文收于"附录"。

范仲淹

为民制药亲疗疾，廉政无贪半缗钱。
人去至今亭井在，清涟世代濯尘寰。

范井甘泉

渊源不竭映高天，忧乐民生点滴连。
范井甘泉千载品，至今泽惠口碑传。

漫步范公亭

昔日园林今日游，范公亭下思悠悠。
院中竹翠碑林立，相伴宋唐槐与楸。

祠中翠竹

千载清风相递生，碑留北海伴青青①。
翠摇云动连心碧，时起萧萧衙竹声②。

次范公尧庙韵

尧庙圮荒久，乡民重建功。
举香生敬意，瞻像信传风。
意履范公处，时融忧乐中。
又逢箫鼓起，依旧乞年丰。

车上有思并序

丙戌冬，赴京参加中国范仲淹研究会
成立大会，有作。

车行思绪翩，恍若谒三贤。
侍立楸槐敬，恭围松竹虔。
昭昭碑笋矣，穆穆像巍然。
州吏皆如是，民福国家安。

---

① 碑留北海：见本书《冯起震竹与董其昌诗并题记》碑注释。
② 萧萧衙竹：用郑板桥"衙斋卧听萧萧竹"诗句意。

夏日范公亭路

千年遗爱范公名，连畅东西靓古城。
树搭长廊天共碧，草成柔毯地同青。
车行滑笛悠扬去，鸟过流音婉转鸣。
向晚霓虹添俊色，路旁熙攘笑谈声。

三贤铜像揭彩有作

垂青旧塑立金尊，仕宦楷模义犹存。
两袖清风留史册，一身正气满乾坤。
堂庙忧民勤政事，江湖怀国望京门。
朝中谪吏东州福，庶庶平安官有魂。

范仲淹手书 《伯夷颂》

真迹自从青社出，即争题跋竞相随。
春秋承递四朝历，翰墨连绵千载为。
无愧中华第一楷，堪称天下三绝碑。
忠贤奸佞帝王者，谁不仰之行止规。

瞻邹平范仲淹塑像

悠悠岁月逾千载，辛未迎春故里行。
抬望萦怀华夏事，沉思满腹醴泉情。
巍巍风骨神州表，凛凛精魂官吏旌。
来往国民时驻足，肃然瞻仰寄心声。

渔家傲·瞻清凉山范公祠

仰看公祠山上屹，巍然崖畔连云际。俯视延河流水逝。
中堂里，范公端坐精神奕。祠址几移千古祀，戍边一帅三山立。
塞上长城谁与比。词壮丽，人间永葆英雄气。

千秋岁·谒范公墓 （2006 年）

水环山抱，陵墓连云邈。崇势起，葱茏草。
万安山作伴，松柏涛声悼。碑笋立，宋臣第一人瞻效。
励志从年少，岂只图温饱？忧乐事，千秋耀。
庙堂黎庶重，义节江湖渺。魂永驻，遗风世代中华表。

咏范公并序

2008 年 10 月 26 日至 29 日，赴北京大学参加"第二届范仲淹国际学术论坛"大会。其间，每有所思，即为诗吟，得数首，此其一。

满怀忧乐春秋递，一记名篇天下扬。
历数古今官比比，谁堪以鉴对贤良？

少年游·登苏州天平山

又临吴地，天平山上，花木不贪恋。
红枫远望，无迷一线，唯把范公瞻。
纪念馆前沉思久，心读白云泉。
高义园中怀高义，坊忧乐，耸青天。

渔家傲·庆城 （依范公原词韵）

又是秋来风景异，依然水绕山环势。韩范曾经征战地。
时更易，景光非是前朝比！散尽烽烟天似洗，城新树绿花妍丽。
幢幢楼房平地起。油田立，歌声连塞祥和里。

观 "遗栋" 感书并序

"遗栋"，为巨木梁栋，现存于甘肃省庆城县博物馆。范仲淹知庆州时，在庆城北门修建镇朔楼后，用以御敌的遗物。栋长9.7米，厚0.5米，宽0.6米。栋上题字为："宋熙宁九年岁次二月壬子高平范纯仁重修"。栋乃木制，历千年风雨及兵燹而未毁，故人称"神栋"。

铁骨铮铮镇朔方，凛然帅气固边疆。
威名惊破敌肝胆，魂魄长存铸栋梁。

一剪梅·大顺古城遗址

塞下山川势纵横，梁峁连绵，沟壑纷争。凭高胸荡满怀情。
遥想当年，智筑雄城。据险墙巍猎猎旌。
扼守重关，西夏心惊。文臣武帅范公称。一代奇才，万古英名。

邓州百花洲 11 月 17 日

心醉穰城胜境间，百花洲上尽贪怜。
新亭览秀风光近，高阁舒眸气象添。
细品诗联思旧事，仰瞻书院景前贤。
春风堂里春风漾，一记流芳万古传。

临江仙·春风阁

清影城头依翠角，巍峨半入云空。约俦谈笑步从容。
临高放目，经意觅贤踪。试问春风曾有记？范公堂上橡雄。
烟波万里纳胸中。千秋一记，文萃屹珠峰！

范仲淹学术交流会并序

2012 年 12 月 21 日至 23 日，参加在北大举办的"第四届范仲淹国际学术交流会"。

> 忧乐精神千古倡，欣欣学士聚京昂。
> 少华临会情怀激，耄耋登台志气扬。
> 鉴往陈辞条析透，知今出语缕分量。
> 安能师法推天下，尤得风雷正吏纲。

青州三贤歌 （范公部分） 并序

北宋庆历至熙宁间，富弼、范仲淹、欧阳修三位朝廷重臣，先后知青州。他们一心为民，深得拥戴。千百年来，有口皆碑，被尊称为"青州三贤"。

> 古往今来青州多少官？
> 黎民心里重三贤。
> 如今大官小官何其多，
> 请君听我三贤歌。
> 三贤歌，歌三公——
> 富公范公欧阳公。
> （富公部分略）
> 范公知青富公后，
> 南北辗转来东州。

京师几度遭贬谪，
老病之躯志未休。
临青一见流民街头宿，
奏请军粮救饥愁。
秋成上命纳赋路程远，
范公心忧民运艰。
详察商情改税制，
以粮折款解民难。
州衙上下齐心力，
异地购粮民得安。
百姓免遭途运苦，
还剩几多折粮钱。
范公有令全数返农户，
州吏厘毫绝不沾。
范公此举利百姓，
官府一门何清廉。
百姓奔走相传颂，
欢天喜地歌尧天。
范公德政感天地，
洋溪之旁涌醴泉。
覆亭赘石凿为井，
州民汲水心甘甜。
是年州民忽染红眼病，
范公试用泉水合药丸。
药丸祛除百姓疾，
百姓欢呼赞声连。
忽道范公抱病赴新任，
州民哭送遮道拦。

时过三月传噩耗，
范公徐州谢世离人间！
州民惊闻何悲痛，
井旁建祠设祭坛。
男女老幼来祭拜，
嚎啕恸哭震山川。

青州尚念范高平，
十八年后来醉翁。
（欧阳公部分略）

三贤祠，祀三公，
三贤祠里清廉风。
碑碣铮铮铁律彰：
官风吏治主兴亡。
三贤歌咏声声高，
且看狂飙落碧霄！

（四）以人为鉴可明得失
——评董平《伟大的教育家范仲淹》

《伟大的教育家范仲淹》一书，是董平先生的力作，2000 年 7 月由西安地图出版社出版。该著是作者计划书写的范仲淹研究丛书之一，详细记述了范仲淹的教育实践，深刻阐发了范仲淹的教育理论，全面展现了范仲淹重视教育、进行教育改革所产生的良好社会效益。

《伟大的教育家范仲淹》注重对范仲淹教育实践的记述。范仲淹的教育实践活动是多方面的，该书以翔实的资料对其作了多侧面多角度的反映。这主要是：

其一，范仲淹曾躬亲执教。在宋仁宗天圣五年（1027），范仲淹 39 岁，因守母丧而居家，应晏殊之请，掌学应天府。他克尽职守，勤勉恭谨，授生《易经》，并著《易义》。他常住府学，制度严明，督训有方，深受学子敬仰，四方学子慕名而来，府学大盛。他执教应天府，培养了大批人才，多为国家所用。宋仁宗庆历五年（1045）底，范仲淹知邓州（今河南邓州），第二年在百花洲创立花洲书院，此时，他虽然已近花甲，但仍亲自讲学于春风堂，授六经之首，阐先王之道，明治乱之理。

其二，积极办学。范仲淹一生宦海沉浮，多次遭贬，历十余州县，他从不因个人的遭遇而颓废，每到一处，无不竭尽心力兴办教育，颇有成绩。宋真宗大中祥符八年（1015），范仲淹甫中进士，授广德军（今属安徽）司理参军，分掌狱讼，兴学并非分内之职，但他到任不久，即筹建校舍，并延请鸿儒名士执教，从此，广德人学风大进。宋仁宗天圣初年，范仲淹任兴化县（今属江苏）令，他一方面率民修筑捍海长堤，一方面又在南津里沧浪亭旁修建学宫，延师教学，从此，兴化兴学重于天下。景祐元年（1034）春，范仲淹贬知睦州（今浙江建德），在任半年，就建堂宇斋庑，修茸州学，并准备设立书院，但旋调苏州。在苏州，他兴修水利，疏导太湖五河积水入海，工程繁重，但仍坚持办学。他购得苏州南园之地，欲筑宅居，一阴阳先生说，居此将踵生公卿。范仲淹决计捐地建学，使贵于天下。景祐三年（1036）范仲淹知饶州（今江西鄱阳），他到任即亲选校址，筹建郡学，惜未成又离。范仲淹徙知润州（今江苏镇江市），扩建州学，使润学大为改观。徙知越州（今浙江绍兴），即建郡学，请师讲学。即使在守边延州（今陕西延安）戎马倥偬之际，也仍坚持兴教育才，在延州城东南建嘉岭书院。庆历五年（1045）新政失败后，他被排挤出京，知汾州（今陕西彬县）。他不计个人得失，到任第三天就视察学校，另选城东南高阔之处建学，学未建成又调知邓州。在邓州又建花洲书院。皇祐元年（1049年）徙知杭州，此时他虽逾花甲，忧劳成疾，但仍不忘教育，上奏朝廷，扩建州学……总之，他一生足迹所历，为各地的教育事业的发展，作出了不可磨灭的贡献。

其三，庆历兴学——发展教育事业的一次伟大实践。宋仁宗庆历三年（1043），范仲淹任参知政事，主持新政。改革教育是庆历新政的重要内容之一，他提出"复古学校，取士本行实"的主张。宋仁宗颁诏天下，范仲淹大力推行，各州县纷纷奉诏建学，出现了北宋历史上第一个建学高潮。如江西州县有学 81 所，其中庆历新建 56 所，将近占 70%。总之，《伟大的教育家范仲淹》一书对范仲淹教育实践活动的充分记述，可足以证明，范仲淹确实不愧是伟大的教育家。

《伟大的教育家范仲淹》一书，不仅详细记述了范仲淹的教育实践活动，而且条理清晰地阐发了他的教育理论。范仲淹的教育理论是多方面、非常丰富的，这主要是：

首先，他对于教育的重要性有明确的认识。他认为，教育是治理国家的根本大计，是关系国家盛衰兴亡的大事。他反复强调："善国者莫先育才，育才之方，莫先劝学。""国家之患，莫大于乏人"。所以，他针对宋朝的现实，劝导宋廷重视教育，大力办学，指出教育是"择才之本，致治之基"。范仲淹对教育重要性的认识，是他教育思想中的闪光之点，为同时代的许多教育家所不及，在中国古代历史上，也是先进且罕见的。

其次，范仲淹对于教育的培养目标有明确的规定。范仲淹主张办教育培养人才，他所期望培养的人才是"能熟经籍之大义，知王霸之要略"的"贤杰之士"，他们是能出大计，定大局，治国安邦的栋梁之材。同时，范仲淹鉴于辽和西夏的边患，针对北宋承平日久，宋室"重文轻武"、兵骄将惰不谋方略的实际，特别提出建立武学、设立武举、以育将才的主张。范仲淹关于重视教育培养贤士、将才的主张，如果得到全面实施，对于巩固北宋王朝的统治，一定会有重要的意义。

再次，范仲淹对于培养人才的途径也有明确的论述。他主张，要培养于国有用的人才，就要采取一系列新的有效的措施，例如对当时学风、文风、士风以及考试制度的改革等。他主张，不论是在治学作风、教育实践还是在政治活动中，都要倡导重实际、讲实用、务实效的学风，都要贯彻以经世济民为目的的义理之学。他对进士考试，主张先策论，后诗赋，"先策论以观其大要；次诗赋以观其全才。以大要定其去留；以全才升其等级"。根据他的主张，宋仁宗于庆历四年（1044）三月下诏：考试有三场，即先策，次论，次诗赋。在范仲淹的努力下，科举考试制度有所改变，为培养人才作出了一定贡献。

另外，范仲淹还非常重视师教。范仲淹认为，要培养于国有用的人才，就要有德才兼备的教师。他选拔教师，特别重视师德和通经这两个标准。他所举荐的胡瑗、孙复、李觏等都是深明经术的"鸿儒硕学"。这些"辩博明达"的思想家、教育家，对于范仲淹教育思想的贯彻和推行，都起到了很好的推动作用。

最后，《伟大的教育家范仲淹》的作者董平先生为了充分展现范仲淹的教育理论，在著作中特别设置了一部分——"范仲淹教育言论选注"，选择范仲淹有关教育方面的著作 15 篇（有的是节录），分别予以"注释"和"解说"，言简意赅，要言中的。

总而言之，《伟大的教育家范仲淹》一书，全面论述了范仲淹的教育理论，从多方面展现了他的教育思想，内容丰富，资料翔实，是目前对范仲淹教育思想、教育理论研究的最系统的一部著作。可喜可贺！

《伟大的教育家范仲淹》一书，不仅记述和阐发了范仲淹系统的教育理论和伟大的教育实践，而且还展示了范仲淹重教兴学所产生的良好的社会效益。范仲淹重教兴学，并且身体力行，进行教育制度和考试制度的改革，为宋廷培养了一大批贤杰之士，从而促使北宋时期学风、士风发生了较大的变化，甚至对北宋以后中国封建社会的文化教育也产生了深远的影响。由于对教育的重视和某些教育制度的变革，所以，学用结合，经世致用，重视实践的义理学风大兴。由于范仲淹的培养和推荐，当时一批出身寒门的知识分子走上仕途，为朝廷所用，出现了北宋仁宗时人才济济的局面。因此，董平先生在《伟大的教育家范仲淹》中结论说："在范仲淹的惨淡经营下，庆历年间在学术思想、文化教育方面出现了前所未有的生气勃勃的上升局面。有人认为有宋二百多年文明，始于范文正公。这种说法是符合实际的。"

古人有言："以人为鉴，可知得失；以史为鉴，可知兴替。"董平先生对范仲淹教育理论、教育实践以及兴教办学所产生的社会效益进行深入研究，著书立说，阐述己见。这一方面是他出于对一代伟人范仲淹的热爱和崇敬，更重要的是他存有"古为今用"，以史为镜，以人为鉴，为社会主义两个文明建设服务的高度责任感。他在著作中说："当前全国各地都在大力贯彻实施党中央提出的科教兴国的伟大战略方针，处此世纪之交的伟大时代，我们研究范仲淹的教育思想及其实践活动，古为今用，服务于当前，造福于后代，可以作为借鉴。"

正因为有这一研究目的，所以在著作中时时有作者振聋发聩的呼吁，处处闪现着作者活鲜思维的光辉。作者常常针对现实，对比议论，有时高度赞扬，有时娓娓劝勉，有时义愤填膺，可以看出作者关心国事，忧国忧民的强烈的责任感。例如，著作在记述范仲淹的教育业绩以后，董平先生以满腔的热情写道："范仲淹一生呕心沥血，为时代树立了一个新型教育家的光辉典范。像范仲淹这样重视教育的政治家，可以说，前无古人，后足以垂范来世。"著作写到作为政治家的范仲淹时，著者满怀深情，充满期望地写道："仅就作为政治家式的范仲淹而言，现在中央已经成立了'科教兴国'领导小组，时代在呼唤我国更应有几十个、几百个、几千个像范仲淹这样的政治家式的教育家的省长、市长和县长，都能热爱教育、关心民族前途，身体力行，矢志不懈地运用政治权力去推动教育事业的大发展，则国家幸甚！民族幸甚！"著作写范仲淹一心为国为民、日夜操劳、不计个人得失，反遭排挤被贬时，激愤地写道："一切残害人民的蟊贼，都将被人民钉在历史的耻辱柱上，古今无一例外，这是历史的公正裁判。任何权势显赫的人物，都逃脱不了这种历史的裁判。"义正词严，铮铮有声。

董平先生已 70 余岁，但仍勤奋笔耕，广涉书海，探微取精，条分缕析，计划分 10 部著作，对范仲淹进行全面系统的研究和论述。工程十分浩繁，但又难为时人所重，然董平先生不改初衷，正一如既往地努力下去，其精神难能可贵啊！

因为董平先生对范仲淹的研究，拟出系列丛书，所以，笔者提出两个问题，以期董平先生再出版丛书的其他部时，予以注意。第一、处理好可能出现的内容交叉问题。就是丛书的各部之间，或者一部著作之中，在写到同一件事时，要注意材料取舍的详略，以及记述的一致性，别出现舛误。第二、提高印刷质量。费了这么大的气力，用了这么多的功夫，在印刷这一最后阶段，一定要注意校对，避免出现不应有的差错。愿董平先生取得更大的成功！

（原载于《书海》2001 年第 4 期）

（五）北宋诗文革新运动的先声

——读范仲淹的《唐异诗序》

《唐异诗序》是范仲淹为他的好友唐异的诗集写的序言，从整体上看，是论及诗文理论的一篇重要文章，可以说是北宋诗文革新运动的先声。认真阅读这篇《诗序》并领会其精神实质，对于我们今天的诗歌创作和文化艺术事业的创新，也是很有现实意义的。最近笔者反复阅读，受益匪浅，体会颇多，今书于此，与大家交流，更期方家不吝赐教。

为便于阅读和理解，此文不以整体论述的文体进行议论，而以分述几个问题的形式展开。

《唐异诗序》原文①

皇宋处士唐异，字子正，人之秀也。之才之艺，揭乎清明。西京故留台李公建中（1）时谓善画，为士大夫之所尚。而子正之笔，实左右焉。江东林君复（2）神于墨妙，一见而叹曰："唐公之笔，老而弥壮！"东宫故谕德崔公遵度（3），时谓善琴，为士大夫之所重。而子正之音，尝唱和焉。高平范仲淹师其弦歌，尝贻之书曰："崔公既没，琴不在兹乎！"处士二妙之外，嗜于风雅，探幽索奇，不知其老之将至。一日以集相示，俾为序焉。

嘻！诗之为，意也。范围乎一气，出入乎万物。卷舒变化，其体甚大。故夫，喜焉如春，悲焉如秋，徘徊如云，峥嵘如山，高乎如日

---

① 《范仲淹全集》（上册）卷8、9，第185～186页、200页，李勇先、王蓉贵校点，四川大学出版社，2007年11月第1版。

星，远乎如神仙，森如武库，锵如乐府。羽翰乎教化之声，献酬乎仁义之醇，上以德于君，下以风于民。不然，何以动天地而感鬼神哉！而诗家者流，厥情非一，失志之人其辞苦，得意之人其辞逸；乐天之人其辞达，觏闵之人其辞怒。如孟东野（4）之清苦，薛许昌（5）之英逸，白乐天（6）之明达，罗江东（7）之愤怒，此皆与时消息，不失其正者也。

五代以还，斯文大剥，悲哀为主，风流不归。皇朝龙兴，颂声来复，大雅君子，当抗心于三代。然九州之广，庠序未振；四始之奥，讲议盖寡。其或不知而作，影响前辈，因人之尚，忘己之实。吟咏性情而不顾其分，风赋比兴而不观其时。故有非穷途而悲，非乱世而怨，华车有寒苦之述，白社为骄奢之语。学步不至，效颦则多。以至靡靡增华，惛惛相滥，仰不主乎规谏，俯不主乎劝诫，抱郑卫之奏，责夔旷（8）之赏，游西北之流，望江海之宗者有矣。

观乎处士之作也，孑然弗伦，洗然无尘。意必以淳，语必以真。乐则歌之，忧则怀之。无虚美，无苟怨。隐居求志，多优游之咏；天下有道，无愤惋之作。骚雅之际，此无愧焉。览之者有以知诗道之艰，国风之正也。时天圣四年五月日序。

解题

《唐异诗序》是范仲淹在天圣四年（1026）为唐异诗集写的序言。

唐异，字子正，隐士。善书画，在《诗序》中范仲淹称他与西台李建中"实左右焉"；"神于墨妙"的林逋赞之曰："唐公之笔，老而弥壮！"唐异亦善琴，范仲淹在《诗序》中说，曾"师其弦歌"。还善诗，范仲淹认为他"嗜于风雅"，并对其诗风给予很高的评价。唐异是范仲淹的好朋友，范公曾有诗《赠余杭唐异处士》。其诗曰：

> 名动公卿四十秋，相逢仍作旅人游。
>
> 青山欲买难开口，白发思归易满头。
>
> 厌入市廛如海燕，可堪云水属江鸥。
>
> 故乡知己方都督，千树春浓种橘休。

释人

《唐异诗序》中涉及到好几个历史人物，了解这些人物，对于进一步深刻理解文意会有很大的帮助。所以，在此先重点介绍相关的几个历史人物（以原文出现的先后为序）。

（1）李建中（945～1013）：

李建中，字得中，自号岩夫民伯。北宋书法名家。其先京兆（今陕西西安）人，晚年居西京（今洛阳）。曾任太常博士、工部郎中、西京留司御史台等职，故人称"李西台"。师法颜真卿及魏晋书风，其书丰腴肥厚，结体端庄稳健，风格丰肌秀骨，气宇轩朗。黄庭坚曾以"肥而不剩肉"的世间美女赞誉其字，《宋史》本传中，也称赞他"行笔尤工，多构新体，草、隶、篆、籀、八分亦妙"。有墨迹《同年帖》《宝宅帖》《土母帖》，石刻有翻刻《峄山碑》及法帖《千字文》等传世（范仲淹在《诗序》中赞扬唐异之笔力，与李建中"实左右焉"）。好吟咏，每游山水多有留题。

（2）林君复（967～1028）：

林逋，字君复，钱塘人，北宋诗人。幼刻苦好学，通经史百家。成年后，曾漫游江淮间，后隐居杭州西湖，结庐孤山。常驾小舟遍游西湖诸寺庙，与高僧诗友相往还。每逢客至，童子便纵鹤放飞，林逋见鹤必棹舟归来。善绘画，工行草，书法瘦挺劲健（范仲淹在《诗序》中写林逋赞扬唐异："唐公之笔，老而弥壮！"）。诗自写胸臆，多奇句，风格澄澈淡远。《山园小梅》诗中"疏影横斜水清浅，暗香浮动月黄昏"两句，被誉为千古咏梅绝唱。赏梅养鹤，终身不仕，不婚娶，无子，人称"梅妻鹤子"。卒谥"和靖先生"。

（3）崔遵度（954～1020）：

崔遵度，字坚白，祖籍江陵人，后徙淄州。太宗太平兴国八年（983）进士，官至吏部郎中兼东宫左谕德（负责讽谏规劝的官）。不喜名利，善琴，深得其趣，著有《琴笺》，明确提出"清丽而静，和润而远"的美学思想，对琴文化的发展起了很大作用。惜《琴笺》已佚。范仲淹曾经向他学习琴艺，琴术大进（范仲淹在《诗序》中赞扬唐异与李遵度"尝唱和焉"）。崔遵度平日沉默少语，与世无争，淳澹清素，淡泊名利。掌修史书十余年，恪尽职守。

（4）孟东野（751～814）：

孟郊，字东野，唐代湖州武康人（今浙江德清）。著名诗人，与韩愈友情颇深。早年贫困，曾游两湖、广西，无所遇合，屡试不第。46岁始中进士，50岁才任溧阳尉，64岁时贫病而死。诗多苦寒伤感之音，字句力避平庸，追求瘦硬奇僻的风格。他和贾岛齐名，皆以苦吟著称，唐人张为称他的诗"清奇僻苦主"，而苏轼则称"郊寒岛瘦"。后来论者把孟、贾二人并称为苦吟诗人的代表。有《孟东野诗集》。

（5）薛许昌（约691～约769）：

薛据，字许昌，唐代著名诗人。河东宝鼎（今山西万荣）人（一说荆南人），开元十九年（733）进士，官水部郎中。"晚隐终南山。与王维、杜甫、孟云卿等友善。"① 杜甫有诗赞他道："文章开突好，才力老益神。"

在这里，有一点需要说明，即范仲淹在《唐异诗序》中的原句"薛许昌之英逸"。有的文章将薛许昌误为薛能了，如黄启方的《范仲淹诗文观》②，高克勤的《意必以淳，语必以真》③，朱明霞《范仲淹的文学思想及其创作实践》④ 等。

如上所述，薛据，字许昌，《辞海》有解：薛据"晚隐终南山。与王维、杜甫、孟云卿等友善"。查阅他们的生卒年月便知，薛据与王维、杜甫、孟云卿等是年代相近的人；然而薛能（817～882）呢，是100年以后的人了！由此可见，把薛据书为薛能显然是错误的。

（6）白乐天（772～846）：

---

① 《辞海》1979年版上册，第1403页。

② 《范仲淹研究文集·三》范国强主编第392页注释⑤，279页。人民出版社，2003年11月第1版。

③ 《范仲淹研究文集》（之三）第238页，新亚洲文化基金会编印。

④ 《中国范仲淹研究文集》第290页，范敬中主编，群言出版社2009年4月第1版。

范仲淹知青州

FAN ZHONG YAN ZHI QING ZHOU

167

白居易，字乐天，号香山居士。唐代贞元十五年（798）进士，官翰林学士、左拾遗。晚年官至太子少傅，谥号"文"，世称白傅、白文公。会昌二年（842），以刑部尚书致仕。祖籍太原，到了其曾祖父时，迁居下邽（guī）（今陕西渭南北）。其祖父白湟曾任巩县（今河南巩义）令，与新郑县令友善。新郑山川秀美，民风淳朴，白湟十分喜爱，就举家迁移到新郑城西的东郭宅村（今东郭寺）。白居易生于此，故称他为河南新郑人。我国伟大的现实主义诗人，他的诗歌题材广泛，形式多样，语言平易通俗，有《白氏长庆集》传世。积极倡导新乐府运动，主张文章合为时而著，诗歌合为事而作，在中国文学史上负有盛名且影响深远。白居易故居纪念馆坐落于洛阳市郊，白园（白居易墓）坐落在洛阳城南琵琶峰。

（7）罗江东（833～909）：

罗隐，字昭谏，本名横，因举进士不第，遂改名罗隐，自号江东生。晚唐著名诗人。余杭人，一作新登（今浙江桐庐）人，光启三年（887）归江东，穷愁潦倒，入镇海军节度使钱镠幕，后迁节度判官、给事中等职，世称罗给事。有《甲乙集》《淮南寓言》及《谗书》《后集》行于世。清人辑有《罗昭谏集》。诗文以讥刺为主，多用口语。鲁迅说："罗隐的《馋书》几乎全部是抗争和愤激之谈。"（《南腔北调集·小品文的危机》）他的诗也有不少是"抗争和愤激"之作。

（8）夔、旷：

夔，相传虞舜时的乐官。"夔序八音"（《文心雕龙·才略》中语）。每将"夔龙"并称，龙为虞舜的谏官。

旷，师旷，春秋时晋国的乐师。《文心雕龙·知音》："洪钟万钧，夔旷所定。"

译 文

　　宋代隐士唐异，字子正，是一个出类拔萃的人才。他的才能和技艺，高超而有法度。原西京御史台洛阳人李建中，当时以善于绘画著称，被士大夫们所崇尚。而唐异的笔力，实与李建中不相上下。江东林逋，翰墨达到了出神入化的绝妙境界，一见到唐异的作品而赞叹说："唐公的笔力，年岁越高越苍劲啊！"太子东宫原"谕德官"崔遵度，是当时称为善于弹琴的人，被士大夫们所推重。唐异曾经与他相唱和，深得赞赏。范仲淹向他学习弹琴、唱歌。范曾写信对唐异说："崔公遵度已故去，琴之高手不就是你吗！"唐异除了书画与琴出众之外，还爱好诗词，他不断探索，追求不已，忘记了老年将至。有一天，他把诗集给我看，让我为之作序。

　　嘻！诗之创作，最重要的是"意"啊！诗创作贯乎于一气，效法于天地之本，思维于万物之间，伸卷变化而无穷尽，这种文体的内涵是非常广大的啊！因此，欢喜如暖春，悲凉如肃秋，徘徊如浮云，峥嵘如峻峰，高邈如日星，遥远如神仙，森严如武库，铿锵如乐府。诗之创作，发出的是教化的声音，奉劝的是醇厚的仁义，对上德化于君，对下教化于民。如果不是这样，怎么能够感动天地与鬼神呢！而诗家这些人，他们的境遇与心情是不一样的，所以在诗歌中反映出来的情感也有区别。失志的人他的文辞就清苦，得意的人他的文辞就飘逸，乐于天命的人他的文辞就顺达，遭遇忧患的人他的文辞就激怒。如孟郊的清苦，薛据的英逸，白居易的明达，罗隐的愤怒……这都是与他们当时各自的境遇和情绪相一致的，不失为纯正的文辞啊！

　　五代以来，礼乐诗教大大削弱，以悲哀的情调为主，风俗教化不得重视。大宋创立以来，古风传统得以恢复，卓尔不群的人应该高尚其志，以三代直道之行为期许。然而九州地域广大，教育未兴，《诗经》的奥妙，讲解议论得其深意的极少。有的迷惑无知而揣作，曲解前人要义，有的因袭别人所尚，没有自己的实际见解。吟咏性情而不顾实际，运用赋比兴之法也不看具体情况。因此，不是穷途而发悲哀之声，不是乱世而发哀怨之音，坐着华贵的车子而述清苦之意，住着隐士之所而发骄奢之语。这都是"邯郸学步"而不成，"东施效颦"而增丑。以至于用柔弱萎靡之词来增加诗文的文采，靡弱诗风到处泛滥，对上不是以正言而劝诫，对下不是以勤勉而教化，抱守的是郑国和卫国的淫靡之音，谴责的是夔与师旷的洪钟之乐，在西北漂流而期望归往江海的人是大有人在啊！

看唐异的诗作，卓然独立不同凡类，洗练而无尘垢。意味淳厚，语言清真。乐则歌咏，忧则感怀。没有浮词溢美，没有随意怨恨，隐居守志，多是优游吟哦，天下行圣贤之道，没有愤怒凄婉之作。在当今众多诗作之中，与《骚》《雅》相比，唐异之作也是无愧的啊！看唐异的诗作，从中可知为诗之道的艰难，也可知国家风俗的淳正啊。

时在天圣四年（1026）五月日序。

析义

范仲淹 27 岁中进士，至天圣四年（1026）五月，38 岁。他在商丘，写出了《唐异诗序》。《诗序》虽是范仲淹为唐异处士的诗集写的序言，但实际上是阐述他的诗文思想的一篇极有价值的理论文章，这篇诗序代表着他早期对诗文创作的认识。因此，深刻研究范仲淹的这篇诗序，对于把握他的诗文创作理论，以及诗文创作与政治的关系，都是很有意义的。

这篇诗序，分为三部分：

第一部分，从开头至"俾为序焉"。介绍唐异的为人和才艺，并简要说明为唐异诗集作序的缘由。

第二部分，从"嘻！诗之为，意也"至"望江海之宗者有矣"。

这一部分又分两层：

第一层，从"嘻！诗之为，意也"至"不失其正者也"。阐述诗文创作的原则及其目的。

第二层，从"五代以还"至"望江海之宗者有矣"。对五代以来诗风的弊端予以严厉批评。

第三部分，从"观乎处士之作也"至《诗序》结束。这一部分是对第一和第二部分的延伸，赞扬唐异意淳而语真的诗风，进一步阐明了诗歌创作的方向。

此序写法比较特殊。既然是为唐异诗集写序，第一和第三部分就足够了。那么，第二部分的大段议论，就是范仲淹有意为之的了。借写序为引子，阐述了他对诗创作的认识，呼喊出了对北宋诗文改革运动的先声。那么，《唐异诗序》主要阐述了诗创作的哪些理论问题呢？

第一，诗歌创作的原则 范仲淹在《唐异诗序》第二部分起首便说："诗之为，意也。""以意为主"的文艺思想包含了诗歌的本体意义，是一个重要的创作原则，是诗歌批评和鉴赏的立足点，是中华诗词的优良传统。范仲淹继承了曹丕、刘勰、钟嵘、韩愈、白居易以来诗歌"以意为主"的传统理论，强调要注重诗的思想内容。在《诗序》中又说："范围乎一气，出入乎万物"，"诗家者流，厥情非一"。诗歌创作贯乎一气，出入万物。环境不同，诗风不一，风格各异，但皆意气充盈，"羽翰乎教化之声，献酬乎仁义之醇"。由此，范仲淹在《诗序》中充分肯定了唐代孟郊、薛据、白居易、罗隐的不同诗风，"不失其正者也"。同时，在序言的最后一段，赞扬唐异之作："意必以淳，语必以真。乐则歌之，忧则怀之。无虚美，无苟怨。"这是对唐异诗风的肯定，更是对第二段"诗之为，意也"中心论点的进一步强化。其结论是：诗歌创作的原则必须"以意为主"，贯乎一气，"意淳语真"！只有这样，才是诗创作之"正者也"。

第二，诗歌创作的目的 范仲淹在《唐异诗序》中明确提出：诗创作凭着寓"羽翰乎教化之声，献酬乎仁义之醇"，达到"上以德于君，下以风于民"的诗教目的。就是说，"诗歌创作，发出的是教化的声音，奉劝的是醇厚的仁义，对上德化于君，对下教化于民。"具体讲，就是诗歌创作要"诗以载道"，羽翼教化，为"致君尧舜"的政治目的服务。

不破不立。基于以上认识，范仲淹在《诗序》中对五代以来的诗风，进行了严厉的批评。不良诗风总的表现是："斯文大剥，悲哀为主，风流不归。"经义不解，不顾实际，随意而作，"以至靡靡增华，惛惛相滥……抱郑卫之奏，责夔旷之赏"，"仰不主乎规谏，俯不主乎劝诚"，达不到诗歌创作的真正目的。范仲淹已经清楚地意识到，五代以来的诗风必须改革！如果不改革，不仅新的诗风树立不起来，且直接影响着国家的政风。这是不能小觑的啊！

第三，诗歌创作的取向从以上分析可知，范仲淹赞扬唐异诗作"意淳语真"，显示着"国风之正"，并且强调诗歌创作要"主乎规谏""主乎劝诚"。由此可见，范仲淹对诗创作原则及目的的阐述，是与国家政治联系在一起的。他认为诗创作与社会风俗息息相关，甚至关系到国家的兴亡成败。所以他的很多主张政治改革的上书或文章，都阐述诗文改革的重要性和必要性。例如，他在写《诗序》的上一年，即天圣三年（1025），曾写《奏上时务书》，其中也谈到诗文与政治的关系。他写道："国之文章，应与风化。风化厚薄，见乎文章。是故观虞夏之书，足以明帝王之道；览南朝之文，足以知衰靡之化……伏望圣慈，与大臣议文章之道，师虞夏之风。况我圣朝千载而会，惜乎不追三代之高，而尚六朝之细。然文章之列，何代无人？盖时之所尚，何能独变？大君所命，孰不风从！可敦谕词臣，兴复古道；更延博雅之士，布于台阁，以救斯文之薄，而厚其风化也，天下幸甚。"① 这些论述与《诗序》的阐发是完全一致的。

行文至此，引用王继范的一段论述以作结："北宋初反对西昆派创作的形式主义诗风的斗争事关重大，是与反对腐朽统治集团奢侈生活、赋敛无度的斗争相互联系的……范仲淹是北宋初为数较少的认识到西昆派创作危害甚大的人。他是最早的呐喊人之一，斗争的功绩是很大的。以他的地位和声望，他的文学主张和创作，他作为北宋诗文革新家是当之无愧的，可惜后代研究者往往只注意到他政治上的'变法'，而忽略了他的创作理论和作品的研究。"② 无疑，这些话是很有启迪意义的。所以，我们应当把《唐异诗序》作为范仲淹诗文革新思想的重要文章，进一步予以深入的研究和探讨。

（刊于中国范仲淹研究会《忧乐天下》2015 年第 4 期）

---

① 《范仲淹全集》（上册），第 200 页。

② 《范仲淹研究文集·三》第 279 页。范国强主编，人民出版社 2003 年 11 月第 1版。

（六）春雨三贤祠

2014年4月22日，河南省首修《辉县市志》主编张海偕夫人来访。是日下午，我与妻子相陪同瞻三贤祠。进范公亭公园，步林荫道西行，过永济桥，路转向南，不多时，即到了三贤祠的大门之前。

常言道，"天有不测风云"，此时，忽然雷声隆隆地滚动，一阵微风吹过，竟淅淅沥沥地下起雨来了。

"请范公庇佑，快——"

我招呼客人进三贤祠大门，避雨于范公井亭之下。这里已经聚集了不少人，观亭赏景，谈笑风生，饶有情趣。我应客人之问，扬手指着眼前景物，简单讲述了范公井亭的相关情况。

亭为石柱、砖木结构，六角飞檐，顶端窗开，与井口相对，日晴之时，天光下射，井中水光激滟，明亮如鉴。据旧志记载，范仲淹知青州的时候，南阳河畔清泉涌出。范公为便于州民用水，令人凿石砌井，并在井上盖起草亭。他又用此水调制中草药，为州民治好了"红眼病"，所以州民感激不尽。范公离去后，州人就把这里亲切地称为"范公井亭"了。井亭经过历代重修，多有增建，亭柱上镌刻着两副楹联，一副是："井养无穷兆民所赖；泉源不竭奕世流芳。"另一副是："四境著闻行若无事；千年遗址因其自然。"楹联对仗工整，概括了井亭的自然环境，彰显了范公惠政的千古流芳。

春雨如丝，飘飘悠悠，缠缠绵绵，惹人情思。唐楸耸天，琼花飞舞，素洁靓丽，引人眼目。

井亭之东十数步，即是三贤祠。我们走出井亭，步向祠堂，任凭雨丝的亲吻，享受甘霖的滋润。蓦然间，思如涌泉，绪若游丝，晃然若穿越千年时空的隧道，竟然与三贤有关雨的事迹联接融合在一起了……

我们首先瞻拜范公。范公正襟端坐，左手微伸，按掌于膝部，右肘上屈，挥手停于颔下。面部清修静穆，深沉严肃，目光炯然前视，似有所思，如有所期。

我们向范公三鞠躬！

范仲淹于北宋皇祐三年（1051）初至四年（1052）初，以户部侍郎调知青州，充淄、潍等州安抚使。其间，他一心为民，为老百姓做了不少好事。相传，在皇祐三年（1051）的夏天，青州一带大雨滂沱，南阳河水一个劲儿地暴涨起来。范公组织百姓抗洪救灾，在最危急的时候，眼看洪水就要溢出堤岸了，他大喊一声："身为州官，一方百姓尚不能保，何以为官？"摘下乌纱，狠狠地扔到洪水之中！洪水竟然奇迹般地消退了……这就是青州一带至今还流传着的"范公乌纱镇洪水"的故事。

我讲述着范公的故事，与客人一起，从沙沙的细雨里走向欧阳公祠。欧阳公端坐祠中，右手屈肘，以揽书卷，左手半握，屈于胸前。面部清癯，昂首前向，遥思遐想，神情慨然。

我们向欧阳公三鞠躬！

欧阳修于熙宁元年（1068）八月至三年（1070）七月，以兵部尚书调知青州，充京东东路安抚使。其间，他注重民生，关心民瘼。在北宋熙宁二年（1069）麦收季节，青州一带阴雨连绵，眼看即将收获的麦子，就要"以数日之雨而坏之"！欧阳修看在眼里，急在心中，他一方面视察民情，解民忧愁，一方面写下了著名的《青州求晴祭文》，祈祷苍天放晴救民……直到现在，青州一带还传颂着欧阳修书写祭文祈求晴天的故事呢。

春雨依然潇潇，砖铺地上点缀着洁白的楸花。我们不忍心践踏这些洁白，遂小心地蹑手蹑脚走进富公祠。富公危坐，颔下垂髯，两肘内屈，双手互伸袖中，收于腹前。目光平视，神态祥和，心静默思，泰然自若。

我们向富公三鞠躬！

富弼于北宋庆历七年（1047）五月至皇祐二年（1050）底，以资政殿学士加给事中知青州，兼京东路安抚使。其间，他赈灾救民，成效显著。旧志记载，有一年青州一带干旱无雨，富弼在石子涧旁建亭祈雨。富弼离去后，州人改亭为祠，纪念富公。明朝末年，方将富公、欧阳公两祠，分别移建于范公祠左右，合称"三贤祠"。

三贤祠前，几棵唐楸虽逾千载，仍然苍劲茂盛，在霏霏春雨里傲然挺立，尤为精神。一阵轻风吹过，楸花纷纷扬扬，晶莹闪亮，落在湿漉漉的地上。俗语说"楸花不落白地"，果然如此。我们在唐楸下流连，妻细心地捡起楸花，用洁净的手绢包起来，说是烧鸡蛋汤喝特别清香可口。我想，用三贤祠里的唐代楸花煮的鸡蛋汤，喝起来当会有特殊的滋味涌上心头。

春雨含情脉脉，如酥似醉，予人温馨之感。我们在三贤祠门前徘徊多时，不忍离去。影壁上书写着范公的名句，我们反复诵读着："先天下之忧而忧，后天下之乐而乐"！这声音，和着春天的旋律，伴着春雨的脚步，飞扬得很远，很远……

（七）著者相关研究活动

1986 年 8 月，著者供职青州市史志办公室，阅读相关地方志乘，开始修订部分人物传。其中便有范仲淹。

1988 年，参加中学语文课外读本——《潍坊古今诗文选》的编写工作，注释范仲淹知青州时写的诗作 4 首，编写有关范仲淹的故事 3 则。该书于 1989 年 5 月由济南出版社出版发行。

1991 年 5 月 20 日下午，应邀到邹平参加山东省"范仲淹研究会成立大会暨第一次学术研讨会"。晚上 7 点，参加预备会议。

21 日上午，参加"研讨会"开幕式。下午，乘车到长山镇，瞻仰"范文正公祠"。

22 日上午，大会发言。下午小组讨论，著者介绍范仲淹知青州的时间及其晚年思想。

23 日上午，乘车到长白山腹地醴泉寺遗址，观瞻范仲淹幼年读书处。会议间，结识全国各地多位范仲淹思想研究者。

1993 年 5 月，写成《从范仲淹知青州看其晚年思想》一文，刊登于《青州文史资料》第 10 期。

1994 年初，参加初级中学乡土教材《青州简史》的编写，任主编，并撰写人物部分，其中包括富弼、范仲淹、欧阳修等。

1997 年 1 月 17 日，《潍坊日报》刊登介绍著者的文章，题为"耐得寂寞是精神"，文中说："他准备编著两本有关地方文化的书——《青州三贤》和《北阳河》，以表达对故乡的热爱之情和报答桑梓的养育之恩。"

是年《海南史志》第 1 期，发表黑龙江地方志办公室梁滨久编审的文章，介绍著者的事迹，也写到笔者欲编著《青州三贤》的打算。

5 月，洛阳市社会科学院、洛阳范仲淹研究会联合通知，邀请著者参加"范仲淹社会思想研讨会"。寄上论文，会议因故未开。以后该论文由洛阳范仲淹研究会秘书长范章先生转寄香港新亚洲出版社有限公司，纳入《范仲淹研究文集》之二。该文集于 2001 年 12 月出版发行。

1998 年第 3 期《齐鲁艺谭》刊发著者"青州三贤咏"三首诗歌。

2000 年 9 月，收到西安文理学院董平教授寄来的《伟大的教育家范仲淹》一书，邀请撰写评论文章。所写文章刊发于 2001 年第 4 期《书海》杂志。

2002 年 4 月 1 日，乘参加"桥山杯"黄帝陵诗词楹联大赛颁奖大会之便，顺路经洛阳，到伊川，见宣传部副部长李耀曾，晚住范仲淹第二十八世孙范章家（1991 年在邹平会议认识）。第二天，由李耀曾派车，范君宜、范章作陪，瞻拜范仲淹墓地。

4 月 5 日上午，参加公祭轩辕黄帝典礼，下午参加颁奖大会。

6 日清晨乘车北上，下午登宝塔山（又名嘉岭山），寻访范仲淹抗击西夏时的踪迹，看范公井，登望寇台（又称摘星楼），瞻范仲淹手书"嘉岭山"及其相关"胸中自有数万甲兵"等摩崖……

4 月 7 日下午，登延河北岸清凉山，瞻范公祠。

8 日顺路观壶口瀑布，宿吉县。9 日傍晚到太原，山西省史志办任根珠科长等热情相陪。

11 月 15 日，收到邹平县政协副主席曲延庆编著的《先忧后乐范仲淹》一书。该书有关青州的资料多由笔者提供，故该书"后记"有言："……山东省青州市原市志办主任张景孔等同志，他们曾为我多方提供资料。借本书付梓之际，对他们的无私帮助表示衷心的感谢！"

2005 年夏，潍坊电视台录制《追溯范仲淹》，作者为其作解说。此片获中国广电学会城市研究会举办的专题片类比赛二等奖第一名。

2006 年 9 月 26 日，应邀到洛阳参加由洛阳市政协与伊川县委宣传部组织的范仲淹思想研讨会。

27 日上午，"2006 中国洛阳范仲淹思想研讨会"开幕。下午，大会发言，著者发言的题目是《范仲淹手书＜伯夷颂＞述论》。后收入《范仲淹研究文集》，该书由大众文艺出版社于 2008 年 8 月出版。

28 日上午，乘车到伊川，参加"范仲淹墓晋升为全国重点文物保护单位庆典"活动。大会结束，观瞻范仲淹墓地。

12 月 7 日下午，应邀到北京参加"中国范仲淹研究会"成立大会。8 日成立大会在中国艺术研究院召开，当选为研究会理事。晚上，观看由河南邓州豫剧团演出的《范仲淹》。

是年，《青州三贤》初稿写成，以备多方面征求意见，减少错误，以期使之更完善

2008 年 2 月，青州市广播电视局召开会议，筹备播出"魅力青州"节目，作者被聘为顾问，分工编写青州三贤的相关内容。

7 月，潍坊电视台来青州拍摄关于三贤祠的纪录片，作者应邀为其解说。

8 月，青州市电视台"魅力青州"摄制组，邀约讲解关于青州三贤与三贤祠的相关内容，题为《三贤清风》。

10 月，乘车到邹平，应邀参加"首届中国山东（邹平）范仲淹文化节暨第七届邹平读书文化节"大会。18 日，参加"山东省范仲淹研究会"成立筹备大会，著者当选为理事。

19 日上午，观瞻邹平长山范公祠和长白山范文正公祠。

10 月 26 日上午，乘车向北京，应邀参加"第二届中国范仲淹国际学术论坛"会议，住北京大学勺园。第二天上午 9 时开幕，著者当选为中国范仲淹研究会理事。26 日下午至 28 日分组发言。28 日下午闭幕。29 日回青州。

会议间分发《千年礼赞——范仲淹》一书，书中收录作者三首诗、一阕词。书中有关青州的资料多为著者提供，故该书"后记"中提到青州以及著者的名字，并"表示感谢"。该书由邓州市政协主席杨德堂主编，中国文联出版社于 2008 年 10 月出版。

2009 年 2 月 21 日，青州市广播电视局召开"魅力青州"播放一周年座谈会，作者应邀参加。

6 月 14 日晚搭车向苏州，15 日清晨到达。为核实"范仲淹手书《伯夷颂》及题跋"的相关内容，先后访问苏州市范仲淹研究会会长范敬中、苏州碑刻博物馆原馆长杨林男、苏州碑刻博物馆副馆长张晓旭、苏州市天平山风景名胜管理处原主任薛梁等人。观瞻碑刻博物馆范仲淹手书《伯夷颂》刻石。到天平山风景名胜区，访问办公室主任袁步林，参观范仲淹纪念馆，瞻拜范仲淹铜像。

17日下午乘火车返，18日清晨回青州。

8月27日清晨，乘车向甘肃庆城（古称庆州），应邀参加"甘肃省庆阳市范仲淹研究会成立大会暨第一次范仲淹学术研讨会"。晚上住西安，与安徽蚌埠李丛昕同室。

28日9时，会议办公室派车来接，下午两点到庆城，住庆城宾馆。

29日上午，大会开幕。下午召开"范仲淹学术研讨会"，著者以"范仲淹知青州简论》为题发言。

30日上午，瞻周祖陵，购书保存资料。又观陇东中学旧址，校名为毛泽东于1937年所题。再看庆城博物馆，对庆州沿革、陶俑、青铜器、宋瓷等一一浏览，范仲淹镇守庆州时的遗物——镇朔楼"范公梁栋"，给人留下深刻印象。

31日上午，由庆城县原政协主席刘文戈送行，与李丛昕一起住西安仁达宾馆。

9月1日下午乘车东行，第二天9点30分回青州。

9月，《青州三贤》印出，由中国文联出版社出版发行。

11月16日晚，带上简单行装与30本《青州三贤》，由启瑞送站，乘车向邓州，应邀参加"河南第四届范仲淹文化节"大会。夜间反侧难眠，与往此外出不同。

17日下午1点到邓州，住邓州宾馆。少憩即出，独步"古城广场"，瞻仰张仲景、韩愈、寇准、范仲淹四名人浮雕，有诗吟。

18日到南阳，接中国范仲淹研究会副会长范崇燕老师。车晚点，午饭后匆匆瞻拜卧龙岗，下午3时30分回邓州。老友相见，分外亲切，把新著《青州三贤》分发朋友，赠予大会。晚上，"河南（邓州）第四届范仲淹文化节"招待会。

夜间久不能入睡。夜半与会记者入住开门，致使更加心烦难眠。

19日晨，嗓子干哑，有感冒症状。上午，大会在范仲淹创办的花洲书院开幕，并观瞻书院。中午饭间中风，住邓州第三人民医院。20日护送回青州，心中追悔莫及。

2012年12月20日清晨，上午8点41分，与周建林一起乘车向北京，参加"第四届中国范仲淹国际学术交流大会"。由苗永金与建燕接站，先住"海特花园"小区。

21日正式报到。因建林未先报名，需现予注册，几费周折，方准与会。我住北京大学英杰培训中心9号楼401房间，建林另住一室。

22日上午，大会正式开幕，合影。西安88岁高龄的董平、河南伊川80岁的范章与会，精神可嘉。多位老友相见，分外高兴。下午学术交流。

23日上午，分组发言。我就范公手书《伯夷颂》事发言，引荐周建林和与会者相识。但周没有带印制长卷，未得展示。下午散会，永金接，住"海特"。25日回青州。

2013年11月至12月，中共青州市纪律检查委员会主办，市地方税务局、新闻信息传播中心协办，市作家协会承办"转作风、倡廉洁"廉政诗歌大奖赛，笔者创作的《青州三贤歌》获一等奖。

2015年2月12日，"文广电"局组织成立青州历史文化研究中心，并召开组成人员会议，党委书记、局长郑玉章讲话。其中任务之一是编辑出版一批地方文化书籍，《范仲淹知青州》是其一。

此后半年多来，整理旧著旧文，补充新鲜内容，纠正有关舛误，终于成书。

主要参考书目

（1）《范文正公全集》，民国八年文学社校印，上海扫叶山房发行。

（2）《范仲淹全集》，四川大学出版社 2007 年 11 月第 1 版，李勇先、王蓉贵点校。

（3）《宋史》，元代脱脱等著。

（4）《辞海》，上海辞书出版社 1979 年 9 月第 1 版。

（5）《辞源》，商务印书馆 1983 年 12 月修订第 1 版。

（6）《渑水燕谈录》，中华书局 1981 年版，王辟之著。

（7）《苏轼在密州》，齐鲁书社 1995 年 9 月第 1 版，李增坡、邹金祥编著。

（8）《论文汇编》，2008 年第二届中国范仲淹国际学术论坛，中国范仲淹研究会编。

（9）《水经注校》，上海人民出版社 1984 年 5 月第 1 版，郦道元著，王国维校。

（10）《青州府志》，根据宁波天一阁所藏嘉靖刻本以线装本影印出版。上海古籍书店，1965 年 5 月版。主修青州知府杜思，第一总纂冯惟讷。

（11）《益都县志》，清康熙十二年（1673）成书。陈食花主修，钟谔等纂修。

（12）《益都县图志》，成书于清光绪三十三年（1907）。主修知县张承燮、李祖年。主纂法伟堂，校补孙文楷。

（13）《青州市志》，南开大学出版社 1989 年 2 月第 1 版。主编邢其典、张景孔（执行）。

（14）《范仲淹研究文集》，人民出版社 2003 年 11 月第 1 版，范国强主编。

（15）《范仲淹资料新编》，沈阳出版社 1989 年 7 月第 1 版，周鸿度等主编。

（16）《全宋诗》，北京大学古文献研究所编，北京大学出版社1998年12月第1版。

（17）《青州明诗抄》，青州市图书馆存民国二十九年（1940）赵氏（寿光人，字东甫）石印本，清代赵愚轩辑。

（18）《益都先正诗丛抄》，清光绪十年段氏古穆和堂刻本，清代段松龄辑。《益都先正诗续抄》，邱琮玉辑。

（19）《范仲淹新传》，上海人民出版社1986年版，程应镠著。

（20）《中国通史》，上海人民出版社2007年版，白寿彝总主编。

（21）《范仲淹研究文集》之二，新亚洲出版社有限公司，2001年12月版。

（22）《伟大的教育家范仲淹》，西安地图出版社2000年7月出版，董平著。

（23）《千年礼赞范仲淹》，中国文联出版社2008年10月第1版，杨德堂编著。

（24）《先忧后乐范仲淹》，齐鲁书社2002年10月第1版，曲延庆、孙才顺著。

（25）《范仲淹知庆州》，甘肃人民出版2002年1月第1版，刘文戈著。

（26）《范学论文集》，新亚洲出版社有限公司2006年8月初版，范止安主编。

（27）《范仲淹故事评传》，山东友谊出版社2013年8月第1版，王红著。

后 记

　　《范仲淹知青州》出版之际，回顾对范仲淹的认知和研究过程，不少思绪涌上心头。

　　20世纪50年代初，笔者上小学的时候，在历史课本上读到了范仲淹的名字，并在一本儿连画画册上看到了范仲淹戎装戍边的形象。上初中的时候，又在《文学》课本里读到了一些古典文学作品，其中就有范仲淹的《岳阳楼记》。并且知道范仲淹曾在青州（时称益都）做过官，西门外南阳河畔有范公亭和范公祠，也曾在星期天与同学们瞻拜过范仲淹。那时的范公祠很破敝，也没看到有人管理。

　　20世纪80年代中期，供职于史志办以后，又向范仲淹走近了一步。当时，阅读了《宋史》以及府县志书上关于范仲淹的多篇传记，厘定首修《青州市志》中的范仲淹新传，进一步强化了对范仲淹的感知和敬慕心情。用较多的工夫对范仲淹予以研究，则是从退居二线后开始的。十多年来，我参加了全国多地范仲淹思想学术研讨会议，2006年12月，在北京中国范仲淹研究会成立大会上当选为该会理事。2009年3月，《青州三贤》正式出版，在这本书里，范仲淹知青州的有关内容占了三分之一以上。

　　《青州三贤》出版后，对"三贤"尤其是对范仲淹的研究并没有停止，而从不同的角度挖掘出了不少新的资料，同时也校正出了书中的某些舛误，故而觉得对原稿很有增改的必要。2015年春，青州市历史文化研究中心成立并召开座谈会，笔者被聘为研究员。"研究中心"计划出版部分地方文献书籍，于是有了重新整理编写《青州三贤》的机遇。《范仲淹知青州》一书，就是对原有资料的重新整编和组合，同时又增加部分新的内容，修正某些错误（在编纂过程中，李森教授

青州历史文化丛书

帮助考证某些史实，房崇阳先生提供相关资料，在此表示谢意），全书是以全新的面貌与广大读者见面的。我兴奋地感到，自己又向范仲淹走近了一步。

《范仲淹知青州》编纂过程中，常常引起笔者的回忆与默思，从历史时空的角度感知，我们与范仲淹的距离很遥远，但从人类历史文明的传承和融合的角度审视，我们与范仲淹的距离却很近。范仲淹的不朽形象就在我们面前，故而历代把范仲淹树立为楷模，推崇为官吏和世人效法的榜样，直至今天，并且会到永远。

所以，对范仲淹思想的认知和研究没有终点，对范仲淹精神的传承和践行没有终点。这便是笔者编辑出版《范仲淹知青州》的初衷，让我们自觉地一步一步逐渐走近范仲淹吧！

作者

2015 年 10 月